Como fazer as pessoas gostarem de você à primeira vista

Nicholas Boothman

Como fazer as pessoas gostarem de você à primeira vista

SEXTANTE

tradução
Vera Whately

preparo de originais
Débora Chaves e Virginie Leite

revisão
Clara Diament e Sérgio Bellinello Soares

projeto gráfico e diagramação
Marcia Raed

capa
Silvana Mattievich

fotolitos
R R Donnelley América Latina

impressão e acabamento
Bartira Gráfica e Editora S/A

CIP-BRASIL. CATALOGAÇÃO-NA-FONTE
SINDICATO NACIONAL DOS EDITORES DE LIVROS, RJ

B715c
Boothman, Nicholas
Como fazer as pessoas gostarem de você à primeira vista / Nicholas Boothman; tradução de Vera Whately. – Rio de Janeiro : Sextante, 2004.
144p. : 21 cm

Tradução de: How to make people like you in 90 seconds or less
ISBN 85-7542-106-9

1. Comunicação interpessoal. 2. Relações humanas. I. Título.

04-0206 CDD 158.2
CDU 159.9:316.772.4

Rua Voluntários da Pátria, 45 – Gr. 1.404 – Botafogo
22270-000 – Rio de Janeiro – RJ
Tel.: (21) 2286-9944 – Fax: (21) 2286-9244
Atendimento: 0800-22-6306
E-mail: atendimento@esextante.com.br
www.sextante.com.br

sumário

prefácio

Não é muito difícil descobrir o "segredo" do sucesso. Quanto mais facilidade você tiver de se relacionar com os outros, melhor será sua qualidade de vida.

Eu descobri o segredo de me relacionar com os outros quando trabalhava como fotógrafo de moda e de publicidade. Não importava se estivesse trabalhando com uma única modelo para a capa da *Vogue* ou com 400 pessoas a bordo de um navio, percebi rapidamente que era mais importante interagir bem com os outros do que com a máquina fotográfica. Na verdade, não importava se a foto era tirada no saguão do Hotel Ritz, em Paris, ou em uma cabana numa montanha na África: os princípios para estabelecer uma boa conexão com as pessoas são universais.

Sempre achei fácil me relacionar com as pessoas. Seria um dom nato? Ou será que é o tipo de coisa que se aprende ao longo do tempo? E, se é algo que pode ser aprendido, será que pode também ser ensinado? Eu resolvi pesquisar mais sobre o assunto.

Depois de 25 anos fotografando para revistas do mundo inteiro, eu sabia que a atitude e a linguagem corporal são da maior importância para se criar uma forte impressão visual – os anúncios de revista têm menos de dois segundos para captar a atenção do leitor. Eu também sabia que era possível usar a linguagem do corpo e o tom de voz para fazer com que uma pessoa absolutamente estranha se sentisse à vontade e cooperativa. Minha terceira conclusão foi de que poucas palavras bem escolhidas podem evocar expressão, humor e ação em quase qualquer modelo. Partindo dessas observações, decidi ir mais a fundo no tema.

Por que é mais fácil lidar com umas pessoas do que com outras? Por que eu posso achar uma pessoa interessante enquanto outros a consideram desinteressante ou até mesmo ameaçadora? É claro que alguma coisa deve acontecer no nível do inconsciente, mas que coisa é essa?

Foi nesse momento que me deparei com um trabalho dos médicos Richard Bandler e John Grinder, da UCLA (Universidade de Los Angeles), sobre Programação Neurolingüística. Na visão deles, muitas das coisas que eu fazia intuitivamente podiam ser consideradas a "arte e a ciência da excelência pessoal". De acordo com essa teoria, todo mundo tem uma habilidade na qual se sobressai mais que os outros. Descobrindo qual é essa habilidade, é uma questão de tempo aprender os caminhos do coração e da mente das pessoas.

À medida que fui me aprofundando no mundo da neurolingüística, troquei minhas máquinas fotográficas pelo estudo de como as pessoas funcionam internamente e como se mostram para os outros. Fui a Londres e a Nova York fazer minha formação com o Dr. Blander e me especializei em "Modelos da Linguagem Irresistível", ou seja, tudo o que se relaciona com o funcionamento do cérebro e a capacidade de cognição.

Desde então, venho organizando seminários e apresentações no mundo inteiro e trabalhando com todo tipo de indivíduo (de professores de teatro nos Estados Unidos a contadores de história na África) para desenvolver exercícios de improvisação e enriquecer a capacidade de conversação. Nesse meio tempo, uma coisa tornou-se muito clara para mim: fazer com que gostem de você à primeira vista é o tipo de habilidade que qualquer um pode aprender de forma natural e fácil.

Inúmeras vezes me disseram, "Nick, que coisa incrível! Por que você não põe tudo isso no papel?" Bem, acabei fazendo isso. E aqui está.

– N.B.

1. o poder das pessoas

Relacionar-se com as outras pessoas traz inúmeras recompensas. Seja para arranjar um emprego, conseguir uma promoção, fechar uma venda, encantar seu novo parceiro, empolgar uma platéia ou passar pelo crivo dos futuros sogros, se as pessoas gostarem de você, a cerimônia de iniciação será finalizada e a conexão, estabelecida. Pessoas são sua maior riqueza. Elas lhe dão vida e alimento, fornecem suas roupas, seu dinheiro, fazem-no rir e chorar. Elas o confortam, tratam de você, investem seu dinheiro, consertam seu carro e cuidam do seu enterro. Nós não podemos viver sem estarmos rodeados de pessoas. E tampouco podemos morrer sem elas.

Conectar-se, relacionar-se, é isso que nossos ancestrais estavam fazendo há milhares de anos quando se reuniam em volta de uma fogueira para comer carne de mamute ou costurar juntos as peles tiradas dos animais. É o que nós ainda fazemos quando promovemos torneios esportivos, concursos e conferências. Essa é a base dos nossos rituais culturais, sejam eles casamentos ou enterros, concursos de bonecas Barbie ou de comedores de espaguete.

Até mesmo os artistas e poetas mais anti-sociais, que passam meses isolados, esperam que, através de suas criações, consigam de alguma forma se comunicar com o público. Na verdade, a arte de se relacionar encontra-se no próprio cerne dos três pilares da nossa civilização: governo, religião e televisão. Sim, televisão. Considerando que é possível conversar sobre um seriado como *Friends* com pessoas de lugares tão distantes e diversos como Berlim ou São Paulo, deve-se acreditar na capacidade da telinha de ajudar todo mundo a se conectar com pessoas do mundo inteiro.

A televisão, sem dúvida, permite que milhares de pessoas provoquem algum tipo de impacto no seu dia-a-dia. De forma consciente ou inconsciente, nós fazemos diariamente uma infinidade de conexões com gente do mundo inteiro.

As vantagens de se relacionar

Nosso crescimento e evolução pessoal (assim como a evolução das sociedades) ocorrem em razão do relacionamento que estabelecemos com os outros, seja um bando de jovens guerreiros saindo para uma caçada ou um grupo de colegas entrando em uma pizzaria no final de uma semana de trabalho. Como espécie, nós somos instintivamente levados a nos reunir e formar grupos de amigos, associações e comunidades. Sem eles, não podemos existir.

Relacione-se e viva mais tempo

O cérebro cresce e floresce quando está fazendo conexões. Na verdade, conexões é o que nossa massa cinzenta sabe fazer melhor. Ela recebe informações dos nossos sentidos, processa-as e cria associações. As pessoas fazem o mesmo. Está comprovado cientificamente que quem se relaciona com mais facilidade vive mais tempo.

No livro *Mantenha seu cérebro vivo*, Lawrence Katz e Manning Rubin citam estudos da Fundação McArthur, do Centro Internacional de Longevidade de Nova York e da Universidade do Sul da Califórnia que mostram que as pessoas que se mantêm ativas em termos sociais e físicos vivem mais. Mas não adianta conviver sempre com os mesmos grupos e pedalar uma bicicleta ergométrica dentro de sua própria casa. É necessário sair e fazer novos amigos.

Quando você faz novas conexões no mundo exterior, faz também novas conexões no mundo interior – no seu cérebro. Isso o mantém jovem e ativo. Edward M. Hallowell, no seu interessante livro *Connect* (Conecte-se), cita um estudo organizado pela Dr.ª Lisa Berkman e a equipe da Escola de Ciências da Saúde de Harvard, que envolveu sete mil pessoas, entre 35 e 65 anos, durante nove anos. Essa pesquisa concluiu que quem não mantém laços sociais e comunitários tem quase que o triplo de probabilidade de ficar doente do que aqueles que mantêm laços mais consistentes. E tudo isso independentemente do status socioeconômico e dos fatores que influenciam a saúde, como cigarro, bebidas alcoólicas, obesidade e atividade física.

Relacione-se e entre para o clube!

As pessoas são fundamentais para ajudar você em suas necessidades e desejos. É provável que você precise de ajuda para conquistar o que quer da vida – um romance, um emprego ideal ou mesmo uma entrada para uma peça famosa. Se conseguir a simpatia das pessoas, elas certamente reservarão um tempo para ajudar você. Quanto melhor a qualidade do relacionamento que você mantém com os outros, maior será o nível de cooperação.

Relacione-se e se sinta seguro

A capacidade de relacionar-se é igualmente saudável para a vida em comunidade. Afinal de contas, a comunidade é o ápice de uma série de conexões: crenças comuns, realizações, valores, interesses e geografia. Roma não foi construída em um só dia, nem qualquer outra cidade. Há três mil anos, no lugar que hoje chamamos de Roma, os indo-europeus reuniam-se para caçar, sobreviver e ajudar uns aos outros.

Nós precisamos fisicamente dos outros. Existem, inclusive,

vantagens mútuas na vida em comunidade. Uma comunidade oferece aos seus membros, por exemplo, força e segurança. E, quando nos sentimos fortes e seguros, usamos nossa energia para evoluir – em termos sociais, culturais e espirituais.

Relacione-se e sinta o amor

Por fim, nós nos beneficiamos emocionalmente uns dos outros. Não somos sistemas fechados, auto-regulados, mas laços abertos, encorajados, repreendidos, apoiados e validados pelo retorno emocional que recebemos uns dos outros. De tempos em tempos encontramos alguém que influencia nossas emoções e ritmos vitais de uma forma tão agradável que chamamos isso de amor. Seja através da linguagem corporal, de gestos, expressões faciais, tom de voz ou palavras, o outro torna mais suportáveis nossos momentos difíceis, mais ternos nossos tempos de bonança.

Nós usamos a energia emocional das outras pessoas da mesma forma que usamos o ar que respiramos e a comida que comemos. Se nos privarem do contato emocional e físico (um abraço e um sorriso podem fazer maravilhas), murcharemos e morreremos como se tivessem nos privado de comida. É por isso que ouvimos dizer que algumas crianças de orfanato ficam doentes e fracas apesar de terem boas roupas e alimentação. E quantas vezes ouvimos falar de um cônjuge que perde o companheiro ou a companheira depois de 50 anos de casamento e morre poucos meses depois? Casa e comida não bastam. Nós precisamos uns dos outros, e precisamos de amor.

CARA A CARA

A Internet foi considerada uma das ferramentas mais eficazes para reunir as pessoas em comunidades de interesse mútuo. No entanto, é preciso lembrar que ficar horas diante →

de uma tela não é um bom substituto para a incrível experiência de estar cara a cara com outra pessoa.

A atmosfera criada pela presença física e mental é fundamental para se estabelecer uma relação realmente rica com outra pessoa. É preciso conviver durante algum tempo a fim de captar todas as indicações verbais e não-verbais do outro. Por exemplo, que tipo de clima pinta entre vocês? Vocês são espontâneos? Quão forte é a vontade de conversar? E no que se refere a apoio, companheirismo e franqueza?

Se você não conhecer as necessidades emocionais do outro, acabará fracassando. Essas coisas só podem ser determinadas pelo contato pessoal.

Por que a simpatia funciona?

Quando as pessoas gostam de você, sentem-se naturalmente à vontade na sua presença, lhe dão atenção e se expõem com prazer.

A simpatia tem alguma coisa a ver com a sua forma de ser, mas tem muito mais a ver com a forma como você faz as pessoas se sentirem. Minha antiga babá costumava falar sobre uma "tendência solar". Ela me levava para passear e nós tentávamos descobrir as pessoas que tinham tendência solar e aquelas que eram "carrancudas". Ela me dizia que a gente pode escolher o que quer ser, e nós ríamos dos carrancudos porque eles pareciam muito sérios.

As pessoas simpáticas dão claros sinais de sua disposição à sociabilidade, mostram que seus canais de comunicação estão abertos. Com isso, demonstram segurança, sinceridade e confiança. As pessoas simpáticas têm um ar caloroso, parecem dizer: "Eu estou pronta para me relacionar. Estou aberta para conversar."

Por que a primeira impressão é fundamental?

"O tempo é precioso." "Tempo é dinheiro." "Não me faça perder tempo." O tempo tornou-se uma mercadoria cada vez mais procurada. Nós fazemos de tudo para tentar manipulá-lo, mas o tempo é uma das poucas coisas que não podemos controlar nem economizar – ele está sempre em movimento.

No passado, dedicávamos mais tempo para as pequenas amabilidades que envolvem o ato de conhecer alguém. Na agitação dos dias de hoje, porém, temos tantos prazos a cumprir com relação a tudo, que, infelizmente, não temos tempo para conhecer bem os outros. O que fazemos é procurar associações rápidas, quando não partimos para avaliações e suposições que nos levam a formar opiniões em poucos segundos, freqüentemente antes que uma só palavra seja dita. Amigo ou inimigo? Oportunidade ou ameaça? Familiar ou estranho? Instintivamente, nós analisamos e adivinhamos como os outros são. O jeito é se apresentar rapidamente e em termos favoráveis para não correr o risco de ser ignorado.

A razão para querer conquistar a atenção e simpatia de uma pessoa à primeira vista tem a ver com a duração da atenção humana. Acreditem ou não, uma pessoa costuma manter a atenção, em média, por cerca de 30 segundos! Conquistar a atenção de alguém exige novidade, e, se não houver nada de novo e excitante em foco, a pessoa se distrai e sai em busca de alguma coisa mais irresistível. Por isso, o ideal é fazer com que as pessoas gostem de você em menos de 90 segundos.

Leia esta frase, depois olhe fixo para qualquer coisa que não esteja se mexendo (uma obra de arte não vale).

Mantenha os olhos no objeto durante 30 segundos. Você provavelmente sentirá os olhos embaçados depois de 10 segundos, se não antes.

Na comunicação cara a cara, não basta atrair a atenção do outro. É preciso saber mantê-la o tempo suficiente para transmitir sua mensagem ou intenção. Ok, a simpatia é uma ótima estratégia para cativar o outro, mas você só vai conseguir manter sua atenção se oferecer qualidade na conexão que estabelecer.

O processo se resume a três etapas:

- sua presença: sua aparência e seus gestos
- sua atitude: o que você diz, como diz e se diz algo interessante
- como você faz a pessoa se sentir.

Quando você descobrir o prazer de se conectar de forma rápida e verdadeira com os outros, provavelmente melhorará seus relacionamentos no trabalho e até mesmo em casa. Mas é preciso cuidado. Não se trata de mudar de personalidade, nem de escolher um novo jeito de viver. Você não vai arranjar uma varinha de condão para sair pela rua fazendo com que qualquer um o convide para jantar – essas técnicas de relacionamento devem ser usadas apenas quando forem necessárias.

Estabelecer uma conexão em menos de 90 segundos, seja em um ambiente social, em uma platéia para executivos ou até mesmo em um tribunal, pode ser intimidador para muita gente. Eu sempre me surpreendo ao perceber que recebemos muito pouco ou quase nenhum treinamento para essa prática tão fundamental em nossas vidas. Você está prestes a descobrir que já possui muitas das habilidades naturais necessárias para se relacionar com os outros – só que nunca se deu conta disso antes.

2. primeiras impressões

Para os objetivos deste livro, a arte de se relacionar com os outros se divide em três partes: o encontro, a criação de uma conexão e a comunicação. Essas três partes ocorrem rapidamente e tendem a se sobrepor e a se fundir. Nossa meta é torná-las naturais, fluidas e, sobretudo, agradáveis e gratificantes.

Obviamente, você começa um relacionamento conhecendo as pessoas. Às vezes, você conhece alguém casualmente – a mulher do ônibus que compartilha sua paixão pelos filmes de Humphrey Bogart –, mas também pode conhecer alguém por indicação – um colega que seu primo lhe apresentou porque ele, como você, adora Shakespeare, vinhos finos e esportes radicais.

Se o encontro é a reunião física de duas ou mais pessoas, a comunicação é o que fazemos desde o momento em que nos damos conta da presença do outro. E entre esses dois acontecimentos – encontro e comunicação – existe a possibilidade de se conectar com o outro em 90 segundos.

O encontro

Se você causar uma boa impressão durante os primeiros três a quatro segundos de um novo encontro, cria a idéia de que é sincero, seguro e digno de confiança, e a oportunidade de ir além e estabelecer uma relação irá se apresentar.

A Saudação

Os contatos iniciais são chamados de "saudações". Cada saudação é constituída por cinco ações: Abertura-Olhar-Sorriso-Oi!-Inclinação. Um verdadeiro programa de acolhimento a ser desenvolvido logo no primeiro encontro.

Abertura. A primeira parte da saudação apresenta sua linguagem corporal. Para que tudo funcione bem, você precisa assumir uma atitude positiva. Este é o momento para deixar fluírem as emoções e ter consciência disso.

Verifique se sua atitude está acolhedora. Se você assumir a postura certa, as coisas correrão bem por si sós. Mantenha o foco de sua energia na direção da pessoa que você está conhecendo. Não cubra o coração com as mãos ou os braços e, sempre que possível, desabotoe sua jaqueta ou casaco.

Olhar. A segunda parte da saudação envolve os olhos. Seja o primeiro a fazer o contato visual. Olhe bem dentro dos olhos da pessoa. Deixe que seus olhos revelem sua atitude positiva.

Acostume-se a olhar realmente dentro dos olhos do outro. Quando estiver vendo televisão à noite, note a cor dos olhos do maior número possível de pessoas. No dia seguinte, faça o mesmo com todos aqueles que encontrar, olhando diretamente nos olhos deles.

Sorriso. Esta parte relaciona-se diretamente com o contato visual. Sorria! Seja o primeiro a sorrir. Deixe que seu sorriso revele sua atitude. Você já chamou a atenção do outro através da sua linguagem corporal acolhedora, contato visual e sorriso envolvente. O que o outro está captando subconscientemente não é a impressão de um riso solto e bobo, mas de um sorriso absolutamente sincero.

Oi! Seja um "Oi!" ou um "Olá!", faça essa saudação em tom agradável e diga o seu nome ("Oi! Eu sou Noemi!"). E, como no sorriso e no contato visual, seja o primeiro a identificar-se. Estenda a mão para o outro e, se for conveniente, encontre uma forma de repetir o nome dele duas a três vezes durante a conversa para fixá-lo na sua memória. Não "Glenda, Glenda, Glenda, prazer em te conhecer", mas "Glenda. Prazer em te conhecer, Glenda".

Neste momento, e em apenas poucos segundos, você está na posição de juntar informações sobre a pessoa que está conhecendo – informações que poderão ser usadas mais tarde durante sua conversa.

Inclinação. A parte final da sua apresentação é a "inclinação". Esse movimento ligeiramente para a frente pode ser quase imperceptível, mas indica sutilmente seu interesse e abertura quando você começa a "sincronizar-se" com aquele que acabou de conhecer.

O aperto de mão

O aperto de mão pode ser um verdadeiro quebra-ossos ou um aperto morno e sem vida. Ambos são inesquecíveis, mas é preciso admitir que certas expectativas acompanham um aperto de mão. Ele deve ser firme e respeitoso, como se você estivesse apertando a campainha do serviço de quarto de um hotel. Se a expectativa não for atingida, o outro ficará imaginando o que está acontecendo. A sensação é de que alguma coisa está errada – como se estivesse saindo água quente da torneira de água fria. O cérebro detesta confusão e, quando se vê em uma situação confusa, seu primeiro instinto é cair fora.

Uma poderosa ferramenta, principalmente quando você deseja estabelecer uma conexão com um grupo ou uma platéia, é colocar a mão em cima do seu coração e dizer "olá", iluminando os olhos, sorrindo e transmitindo aquela mesma energia que, em geral, acompanha o bom aperto de mão. Chamo isso de "aperto de mão sem mão".

UM EXERCÍCIO DE SAUDAÇÃO:

Transmitindo energia

Este é um dos exercícios mais eficientes que fazemos nos meus seminários. Você vai precisar de um parceiro para praticá-lo. Vocês dois devem ficar frente a frente, a uns três metros de distância, como se fossem atiradores em um filme de caubói. Quando você disser "Oi!", bata palmas, reúna toda a energia do seu corpo e guarde-a no coração, depois capte a energia com a mão direita (a que você usa no aperto de mão) e a envie na direção do coração do outro. Essa é uma longa explicação para uma coisa que não leva mais que dois segundos, mas, quando os seis canais – corpo, coração, olhos, sorriso, palmas e voz/respiração – forem acionados na direção da pessoa, há uma grande transferência de energia.

Imediatamente depois de receber a energia, seu parceiro deve transmiti-la de volta da mesma forma. Os dois se revezam, cada um transmitindo energia. Não se esqueça de fazer contato com os seis canais ao mesmo tempo. Pratique isso com seu parceiro durante dois minutos.

Agora, começa a verdadeira brincadeira. Você vai transmitir diferentes qualidades de energia: energia lógica/da cabeça, energia da comunicação/da garganta, energia do amor/do coração, energia do plexo solar e energia sexual. Você já transmitiu a energia do amor/do coração. Agora, faça o mesmo de cabeça a cabeça, em vez de coração a coração. Continue transmitindo a ➔

energia lógica até que os dois achem que podem sentir e diferenciá-la da energia do amor. Depois de dois a três minutos de idas e vindas, tente as outras regiões: garganta a garganta, plexo solar a plexo solar, etc.

A coisa pode ficar ainda melhor. Imagine que tipo de energia você deseja transmitir, mas não diga qual é. Cumprimente seu parceiro com um aperto de mão, dizendo "Oi", e vá em frente. Seu parceiro deve identificar o tipo de energia que está recebendo. Pratiquem bastante até que sua linguagem corporal se torne sutil e quase imperceptível.

Em seguida, saia e tente fazer isso com as pessoas que você encontra. Transmita energia quando diz "Oi" para alguém no supermercado, para a garçonete do café, para sua cunhada ou o sujeito que conserta a máquina de xerox do seu escritório. Eles notarão alguma coisa especial em você.

Estabelecendo um relacionamento

Relacionar-se é estabelecer uma base comum, uma zona confortável onde duas ou mais pessoas podem unir-se mentalmente. Quando você estabelece uma relação desse tipo, cada um interage com alguma coisa (atenção, cordialidade, senso de humor) e recebe de *volta* empatia, simpatia, talvez algumas ótimas piadas. A conexão é o lubrificante que permite que os intercâmbios sociais fluam facilmente.

O prêmio quando se estabelece esse tipo de conexão é a aceitação positiva da outra pessoa. Essa aceitação nem sempre se dá por meio de palavras, mas de atitudes que sinalizam mais ou menos o seguinte discurso: "Eu sei que acabei de conhecê-lo, mas gostei muito de você e vou lhe dar minha atenção e confiança." Muitas vezes a conexão ocorre espontaneamente; às vezes é preciso um pouco de esforço. Mas uma coisa é certa: se as coisas forem bem-feitas, a comunicação se dá sem ruídos; se forem malfeitas, será preciso implorar por atenção.

Quando você conhece novas pessoas e faz o ritual de saudações, sua capacidade de estabelecer uma conexão dependerá de quatro coisas: sua atitude, sua capacidade de "sincronizar" certos aspectos de comportamento — como linguagem corporal e tom de voz —, sua habilidade para conversar e sua capacidade de descobrir se a outra pessoa responde mais aos apelos visuais, auditivos ou cinestésicos, isto é, relacionados aos sentimentos e sensações corporais.

Depois que dominar essas quatro áreas de excelência, você poderá se conectar rapidamente com qualquer pessoa que escolher, a qualquer hora.

Conforme o livro for avançando, você vai aprender que é possível acelerar o processo para sentir-se à vontade com um estranho, pulando os rituais normais de familiarização. Em um instante você consegue interagir com o outro, como se o conhecesse há anos.

Muitos dos meus alunos dizem que, quando estabelecem uma ligação dessa forma, as pessoas logo questionam: "Tem certeza de que não nos vimos antes?" É isso o que ocorre quando você entra com naturalidade no mundo do outro. É um sentimento maravilhoso.

Comunicando-se

Cada pessoa parece ter uma interpretação diferente da palavra "comunicação", mas as definições que constam nos dicionários são mais ou menos as seguintes: "Comunicação é um intercâmbio de informações entre duas ou mais pessoas", "É transmitir sua mensagem", "É a capacidade de trocar ou discutir idéias, de dialogar visando ao bom entendimento".

Nos primórdios da Programação Neurolingüística (PNL), quando pesquisavam "a excelência e a forma de os indivíduos estruturarem sua experiência sensorial subjetiva", Richard Bandler e John Grinder criaram uma definição simples e brilhante sobre o ato de comunicar-se: "O significado da comunicação é a resposta que ela recebe."

Isso significa que você tem 100% de responsabilidade sobre sua capacidade de comunicação. Afinal de contas, *você* é a pessoa com uma mensagem a transmitir ou uma meta a atingir, e *você* é quem terá de fazer com que isso aconteça. Além do mais, se a primeira tentativa não funcionar, *você* tem flexibilidade para mudar a estratégia até finalmente conseguir o que deseja.

As técnicas que você aprenderá aqui serão úteis em todos os níveis de comunicação, desde o desenvolvimento de novos relacionamentos até o dia-a-dia das relações cotidianas.

A fórmula para uma comunicação efetiva apresenta três partes distintas:

Saiba o que você quer comunicar. Formule sua intenção de forma afirmativa, de preferência no tempo presente. Um exemplo: "Eu desejo um bom relacionamento, já imaginei de todas as formas como essa pessoa deve ser, qual será sua conversa, seu cheiro, seus sentimentos, e sei quando vou conseguir isso." Essa é, sem dúvida, uma declaração afirmativa, oposta a "Eu não quero viver sozinho".

Descubra o que pode extrair de determinada situação. Se você está à procura de um namorado para um relacionamento sério, pode descobrir que viver em bares e boates não é o melhor caminho para encontrar o tipo de pessoa que deseja.

Mude o que está fazendo até conseguir o que deseja. Desenvolva um plano e o transforme em realidade: "Eu vou convidar dez pessoas para jantar na minha casa todo sábado à noite." Faça isso e veja qual foi a repercussão. Reformule seu plano, se necessário, de acordo com o que as pessoas acharam do jantar. Repita o ciclo – reformular-fazer-descobrir a repercussão – até conseguir o que deseja.

Você pode aplicar essa rotina em muitas áreas da vida que deseja melhorar: finanças, romance, esportes, carreira e assim por diante.

Saiba o que você quer.
Descubra o que pode conseguir de determinada situação.
Mude o que está fazendo até conseguir o que deseja.
Toda vez que fazemos o *check-list* dessas três ações, avaliamos o desenvolvimento da nossa capacidade de comunicação.

O que vem em seguida...

Nos capítulos seguintes, vamos examinar mais profundamente o tema relacionamento e também avaliar o efeito de se projetar uma imagem positiva de si próprio. Você vai aprender o que está por trás da primeira impressão que se tem de uma pessoa e a importância de mostrar uma linguagem corporal coerente com seu tom de voz e também com seu discurso. Nada de sinais cruzados, nada de mensagens misturadas, nada de confusão. Você descobrirá como sua linguagem corporal interessa a uns mas não a outros e como, fazendo algumas adaptações no seu visual, você pode afetar positivamente a forma como as pessoas se sentem a seu respeito.

Depois, vamos entrar fundo nos mistérios da sincronicidade. Você aprenderá a ajustar-se aos sinais que os outros lhe enviam para que se sintam à vontade e confortáveis ao seu lado. Vamos também falar da importância do tom de voz e como isso influencia os humores e emoções que desejamos transmitir.

Um capítulo inteiro será dedicado ao início e à manutenção de uma conversa interessante. Vamos explorar todas as formas de deixar as pessoas à vontade e evitar que elas se fechem. E também falaremos de saudações, de como obter informações e como se tornar inesquecível. Finalmente, chegaremos ao próprio cerne da psique humana.

A surpreendente verdade é que, embora utilizemos nossos cinco sentidos, cada um de nós confia num sentido mais que nos outros quatro. Você vai aprender a ver as pistas que as pessoas dão sobre seu sentido favorito, e como entrar em sincronia com esse sentido. Será que aqueles que são mais auditivos diferem daqueles que dependem basicamente dos olhos? É claro que sim, e você descobrirá como preparar sua abordagem para se comunicar com eles.

Cada capítulo inclui pelo menos um exercício que o ajudará a perceber o poder de se relacionar com facilidade. Em alguns casos, você poderá se exercitar sozinho, mas em outros será necessário um parceiro. Na verdade, comunicação pessoal e técnicas de relacionamento são atividades interativas – você não pode aprender a fazer tudo sozinho.

Não tem erro. A toda hora homens, mulheres e crianças deixam vir à tona, através de sua linguagem corporal, seu tom de voz, o movimento dos seus olhos e sua escolha de palavras, o que os deixa motivados, como eles sentem e filtram o mundo. Eles simplesmente não conseguem controlar. Basta você usar esse fluxo maravilhoso e incessante de informações para atingir resultados melhores e relacionamentos mais satisfatórios.

3. "existe alguma coisa nessa pessoa que me agrada muito!"

Quer você esteja tentando fazer uma venda, marcar um encontro ou livrar-se de uma multa de trânsito, precisa estabelecer uma conexão. Às vezes, a venda é consumada, a conversa flui, o guarda rasga sua multa e você nem sabe por quê. Mas, por outro lado, há também aquelas situações em que, por mais que tente, você simplesmente não consegue se conectar à outra pessoa – e, igualmente, não entende a razão do insucesso. Não basta ser uma pessoa correta e decente. Talvez você seja uma pessoa incrível, altamente atraente, mas não esteja conseguindo estabelecer uma comunicação harmoniosa. A boa notícia é que você não está sozinho.

Em nossas relações interpessoais nós seguimos certas rotinas quando conhecemos uma pessoa nova. Se tudo funcionar e a ligação for estabelecida, podemos começar a nos comunicar com alguma certeza de que nossa mensagem será aceita e levada em consideração com seriedade. Essa seriedade é vital, pois o objetivo fundamental de estarmos nos comunicando é a percepção de credibilidade, que por sua vez leva à confiança mútua. Se a credibilidade não for estabelecida, o mensageiro, e não a mensagem, poderá se tornar o foco de atenção, e essa atenção será desconfortável.

Quando sentimos o mundo através dos mesmos olhos, ouvidos e sensações que os outros, desenvolvemos uma ligação profunda na qual ambas as partes sabem que são compreendidas. Isso leva a uma enorme confiança e sentimento de segurança – mais ou menos como dizer para si mesmo: "Eu não sei a razão, mas essa pessoa tem alguma coisa que me agrada muito."

Pesquisas mostram que nós temos aproximadamente 90 segundos para causar uma impressão favorável em alguém que acabamos de conhecer. O que acontece nesses 90 segundos pode determinar se conseguiremos ou não estabelecer um relacionamento.

Relacionamento natural

A atração está presente nos quatro cantos do universo. Chame-a de magnetismo, polarização, eletricidade, pensamento, inteligência ou carisma, é sempre a mesma velha e boa atração que engloba tudo. Formamos parcerias naturalmente. Embora sejam pouco perceptíveis para alguns, são bastante notadas por outros.

Nós sempre nos apoiamos no contato emocional e nos sinais enviados por nossos pais, companheiros, professores e amigos para nos guiarmos através da vida. Somos influenciados por seu feedback emocional, seus gestos e seu modo de fazer as coisas. Você provavelmente imitava seus pais quando era criança. E, ainda hoje, se um amigo que você admira ou uma estrela de cinema se vestir de determinada maneira, você pode querer adotar um estilo semelhante. Nós aprendemos nos adaptando aos sinais que os outros nos enviam. Eles imprimem sua forma de ser e nos sincronizamos com o que gostamos neles.

Pessoas com interesses em comum criam uma ligação natural. A razão pela qual você se dá bem com seus amigos é porque tem interesses e opiniões semelhantes aos deles, talvez até formas parecidas de fazer as coisas. É claro que muitas vezes surgem pontos de discordância, mas essencialmente vocês devem ser muito semelhantes entre si.

Nós seres humanos somos animais sociais. Vivemos em comunidades. É muito mais "normal" e até mesmo mais lógico que as pessoas se entendam do que briguem, se afastem e vivam no isolamento. A ironia é que essa mesma sociedade nos condicionou a ter medo uns dos outros e a estabelecer limites entre nós. Vivemos num mundo que finge encontrar sua unidade através do amor, mas na realidade encontra essa unidade através do medo. A mídia nos assusta com manchetes sobre violência e acidentes aéreos, pergunta se temos vários seguros, se somos gordos demais, magros demais, e fala até mesmo dos altos preços dos funerais. O relacionamento com outras pessoas é um requisito básico para nossa sanidade, nossa evolução e, na verdade, nossa sobrevivência.

Relacionamento casual

Talvez você já tenha viajado para um país estrangeiro, onde as pessoas não falam sua língua e nem você a delas. Você se sente um pouco inseguro – até mesmo desconfiado – quando não é compreendido. De repente conhece alguém do seu país. Essa pessoa fala sua língua e, num piscar de olhos, torna-se um grande amigo – pelo menos durante as férias. Vocês podem dividir as mesmas experiências, opiniões, percepções, e procurar os melhores restaurantes e compras a bom preço. Vocês vão, sem dúvida, trocar informações pessoais sobre suas famílias e seus empregos. Tudo isso e muito mais porque vocês falam a mesma língua. Esse é o tipo de ligação casual, que ocorre quase que diariamente com todos nós no trabalho, no supermercado, na lavanderia ou no ponto de ônibus. Talvez, por entusiasmo, você mantenha essa amizade ao voltar para casa e um dia descubra que, fora a língua e a nacionalidade, vocês dois não têm nada em comum, e a amizade termina naturalmente.

A chave para estabelecer uma ligação com estranhos é saber como se parecer com eles. Felizmente, isso é muito simples e muito divertido. Faz com que você veja cada novo encontro como um quebra-cabeça, um jogo, uma alegria.

Relacionamento intencional

Duas ou mais pessoas podem estabelecer uma conexão porque têm interesses ou comportamentos semelhantes ou porque se encontram em determinada situação que as aproxima. Mas, mesmo quando nenhuma dessas condições está presente, há uma forma de estabelecer uma ligação "proposital" – e é disso que este livro trata.

BASE COMUM

Mark está em um jantar formal, sentado a uma mesa de oito pessoas. Ele detesta esse tipo de reunião e, como sempre, não sabe o que dizer. Não conhece ninguém a não ser seu contador, que está sentado do outro lado da mesa fazendo todo mundo rir. Está começando a ter aquela sensação de mal-estar. De repente a jovem de vestido azul à sua frente, com quem ele já havia trocado olhares um instante atrás, →

comenta com o homem à sua esquerda que é uma ávida colecionadora de selos. Exatamente como ele!

Mark sente-se aliviado e feliz porque o acaso lhe deu uma oportunidade de conversar com sua companheira de mesa. Eles têm uma coisa em comum – selos. Mark resolve conversar com Tanya e fala do seu selo raro de 1948, um *Ovo Poché,* e diz que o encontrou no dia em que seu carro enguiçou em Cortlandville, no estado de Nova York. Com os cotovelos na borda da mesa e o dedo pousado de leve no rosto, perto da orelha, Tanya inclina-se na direção de Mark, suas pupilas dilatam-se ligeiramente e ela solta os ombros em uma atitude de relaxamento. Mark também se inclina apoiado nos cotovelos, retribuindo o sorriso de Tanya. A moça dá um gole na água, e ele se vê fazendo o mesmo...

Mark e Tanya estabeleceram uma ligação. Eles se conectaram e iniciaram um relacionamento através de um interesse em comum. Sua ligação é evidente em vários níveis – as dicas e sinais que eles enviam e recebem de volta, as imperceptíveis modificações de comportamento que ambos adotam sem pensar. Eles estão se ajustando um ao outro. Quem sabe aonde isso irá levar? Eles se gostaram porque são parecidos, e a dança da ligação foi iniciada. Eles estabeleceram uma conexão favorável em menos de 90 segundos.

Ao estabelecer uma conexão proposital com o outro, reduzimos a distância e as diferenças através da descoberta de uma base em comum. Quando isso ocorre, sentimos uma ligação natural com a pessoa – nos tornamos parecidos.

À medida que a ligação entre Mark e Tanya se desenvolve,

acontece muito mais do que parece. Uma pessoa comum talvez não chegue a notar, mas para os olhos e ouvidos treinados ocorre muita coisa. Quando os dois descobrem o interesse comum por selos, surge uma semelhança de comportamento: linguagem corporal, expressões faciais, tom de voz, contato visual, respiração, ritmos corporais e várias outras atividades fisiológicas entram em sintonia.

A ligação proposital é estabelecida por uma alteração deliberada do comportamento, a fim de que você se torne *igual* ao outro. Você se transforma durante o tempo suficiente para estabelecer uma conexão.

Tudo o que você precisa ter à disposição é atitude, boa aparência, corpo, expressão facial, o tom e o ritmo de sua voz, talento para manter uma conversação e o dom de descobrir a melhor maneira de abordar outra pessoa. Acrescentem-se a isso a capacidade de ouvir e observar o outro e uma grande curiosidade. Nada de artimanhas, dispositivos mecânicos ou afrodisíacos, pílulas ou um polpudo talão de cheque. Só os maravilhosos dons com os quais você nasceu – e seu desejo caloroso de ter a companhia de outras pessoas.

4. a atitude é a coisa mais importante

Sua cabeça e seu corpo fazem parte de um mesmo sistema. Eles se influenciam mutuamente. Quando você está feliz, apresenta um ar feliz, tem voz feliz e diz palavras felizes. Tente se sentir infeliz quando está pulando e batendo palmas, ou tente se sentir feliz ao afundar em uma cadeira e deixar cair a cabeça. Sua atitude controla sua emoção, e sua emoção comanda a linguagem corporal.

As atitudes determinam a qualidade dos seus pensamentos, a escolha de suas palavras e o tom de sua voz. Mais importante ainda, comandam sua linguagem facial e corporal. As atitudes são nosso cartão de visita. Depois que a cabeça assume uma certa atitude, você tem muito pouco controle sobre os sinais que seu corpo envia. Seu corpo tem autonomia e segue os modelos de comportamento associados a qualquer atitude que você decida experimentar.

Uma Atitude Realmente Útil

Não importa o que você faça ou onde você more, a qualidade da sua atitude é o que determina a qualidade dos seus relacionamentos – na verdade, ela determina quase todo o resto em sua vida.

Eu uso a mesma agência bancária há oito anos. De tempos em tempos, alguém de quem nunca ouvi falar me escreve uma carta (com meu sobrenome errado) dizendo que tem muito prazer em me ter como cliente especial. Por mais que os bancos tentem melhorar seu serviço personalizado, não conseguem; nisso eles são mais ou menos iguais em todo o mundo, e meu banco não foge a essa regra. Então por que eu me mantenho fiel, se foram abertos dois bancos concorrentes muito mais perto da minha casa? Conveniência? Obviamente não. Taxas melhores? Não. Mais serviços? Não. Nada disso. A razão de eu continuar nesse banco é uma das caixas chamada Joanne. O que Joanne oferece de especial? Ela faz com que eu me sinta bem. Eu acho que ela gosta de mim, e os outros clientes sentem o mesmo por ela. Dá para notar pela forma como todos falam com ela. Essa mulher charmosa dá uma graça especial ao ambiente.

Como Joanne faz isso? Muito simples. Ela sabe o que quer: agradar os clientes e fazer bem seu trabalho. Ou seja: tem uma Atitude Realmente Útil. Ela é alegre e interessada, e todos se beneficiam com isso: eu, como cliente, seus colegas, sua empresa, sua família e, acima de tudo, ela própria. O que Joanne transmite com sua Atitude Realmente Útil retorna a ela milhares de vezes em forma de um ambiente feliz. E não custa um só centavo.

Uma Atitude Realmente Inútil

Duas pessoas podem ter atitudes absolutamente diferentes a respeito do mesmo conjunto de experiências. Contudo, quando ambas reagem à mesma experiência com a mesma atitude, ocorre um forte elo natural entre elas. As atitudes tendem a ser contagiantes e, como se baseiam na interpretação emocional de experiências, podem ser distorcidas e modeladas, melhoradas e aprimoradas.

O que ocorre quando as pessoas perdem o controle e se enfurecem? Elas assumem um ar agressivo (linguagem corporal), adotam um tom áspero e usam palavras ameaçadoras. Podem se tornar muito perigosas para se ter à volta. Se você quiser que gostem de você ou que cooperem de boa vontade, saiba que tudo isso representa uma Atitude Realmente Inútil. Quantas vezes você viu pais furiosos porque os filhos deixaram cair uma penca de bananas no supermercado? Ou vendedores de loja com um ar aborrecido e desinteressado? Ou médicos carrancudos e impacientes? São todas atitudes prejudiciais. Eu não estou dizendo que isso seja certo ou errado, só estou mostrando que, do ponto de vista da comunicação, essa é uma atitude que não transmite corretamente a mensagem. Aliás, em geral, é esse o problema. Atitudes inúteis tendem a vir de gente que não sabe o que realmente deseja comunicar.

Lembre que, se você não souber o que quer, não há mensagem a ser transmitida nem uma base para se conectar com outras pessoas.

A maioria das pessoas pensa no que *não* quer em vez de pensar no que *quer,* e suas atitudes refletem isso. A frase "Eu não quero mais ter chefe, não quero que ninguém mais grite comigo" suscita uma atitude completamente diferente se você disser "Eu quero ser chefe" ou "Eu quero ser promovido". Da mesma forma, "Eu estou cansada de vender gravatas o dia inteiro" passa uma atitude e um conjunto de sinais completamente diferentes do que se você dissesse: "Eu quero ter um barco de pesca de aluguel e viver disso."

Sua imaginação é sua maior força – mais poderosa que a força de vontade. Pense nisso. Sua imaginação projeta experiências sensoriais em sua mente através da linguagem visual e sonora, dos sentimentos, cheiros e gostos. Sua imaginação distorce a realidade. Pode funcionar a seu favor ou contra você. Pode fazer com que você se sinta ótimo ou infeliz. Quanto mais e melhores informações você envia para sua imaginação, melhor ela vai organizar seu pensamento e sua atitude e, em última instância, sua vida.

Você decide

A boa notícia é que as atitudes podem ser escolhidas por você. E, se você tem direito de escolher qualquer uma, por que não escolher uma Atitude Realmente Útil?

Digamos que você acabou de chegar ao Aeroporto Internacional e perdeu sua conexão para casa. Você precisa tomar o próximo vôo de qualquer jeito, então vai ao balcão da linha aérea e grita com o funcionário. Essa é uma Atitude Realmente Inútil. Se o que você quer é conseguir ajuda do atendente, a melhor coisa a fazer é assumir uma Atitude Realmente Útil que irá criar uma ligação e cooperação por parte dele.

Eu provavelmente me arrependerei de dizer isso, mas consegui me livrar de dezenas de multas de carro (nem sempre só por estacionar em lugar proibido) por ter uma Atitude Realmente Útil. Estou absolutamente convencido de que, se eu tivesse dito ao guarda que o radar dele estava desligado, ou se alegasse ser primo do prefeito, eu não teria conseguido nada. Se eu quiser que o guarda goste de mim, seja compreensivo e não me dê uma multa, tenho de dizer coisas do tipo: "Sinto muito" ou "Muito justo" ou "Puxa, sim, obrigado".

A última vez em que tive esse tipo de problema, o guarda

me seguiu até o estacionamento do supermercado e parou atrás do meu carro. Eu saí e fui até onde ele estava. Considerando seu jeito receptivo, achei que ele era uma pessoa que agia baseada no sentimento, ou seja, um Cinestésico (você compreenderá isso mais tarde). Por isso, minhas primeiras palavras foram: "Isso é mais que justo", pois não havia dúvida de que eu estava errado. Ele fez uma preleção bem merecida sobre o meu comportamento e me liberou depois de uma advertência. A verdade é que minha atitude estabeleceu o tom do encontro – pois eu sabia o que queria.

**Em situações cara a cara, sua atitude o precede.
É a força central da sua vida, controla a qualidade
e a aparência de tudo que você faz.**

Não é preciso muita imaginação para tornar reais algumas Atitudes Realmente Inúteis, tais como raiva, impaciência, presunção, tédio ou cinismo. Então, por que não parar um instante e sentir uma Atitude Realmente Útil? Você pode assumir um ar curioso, entusiasmado, inquisitivo, prestativo ou engajado quando conhece alguém. Ou, o meu favorito – um ar caloroso. Há alguma coisa de inebriante em um contato humano caloroso. Na verdade, os cientistas descobriram que isso pode gerar a liberação de opiáceos no cérebro.

Você perceberá claramente que todos as atitudes mencionadas a seguir são mais úteis que vingança e desrespeito.

Pergunte a si mesmo: "O que eu quero, agora, neste momento? Qual é a melhor atitude a tomar?" Lembre-se de que há apenas dois tipos de atitude a considerar quando estamos lidando com seres humanos: útil e inútil.

Atitudes Realmente Úteis	Atitudes Realmente Inúteis
Calorosa	Raivosa
Entusiasmada	Sarcástica
Confiante	Impaciente
Encorajadora	Entediada
Relaxada	Desrespeitosa
Obsequiosa	Presunçosa
Curiosa	Pessimista
Desembaraçada	Ansiosa
Confortável	Rude
Prestativa	Desconfiada
Engajada	Vingativa
Descuidada	Amedrontada
Paciente	Tímida
Acolhedora	Crítica
Alegre	Encabulada
Interessada	Obediente

Quantas vezes você viu uma vendedora atendendo em uma loja quando ela claramente gostaria de estar em algum outro lugar, ou passageiros sendo grosseiros com o motorista de táxi, quando ele é a única pessoa com possibilidade de levá-los para a igreja a tempo? Essas são Atitudes Realmente Inúteis. Em termos de comunicação, estão fadadas a dar errado.

A Atitude Realmente Útil é um dos fatores que mais influenciam a simpatia – e funciona de forma charmosa. Sua postura, seus movimentos e sua expressão mostram quem você é antes mesmo de você abrir a boca.

Quanto mais cedo você souber o que quer e qual é a Atitude Realmente Útil para realizar seu desejo, mais depressa sua linguagem corporal, sua voz e suas palavras mudarão para ajudar você a realizá-lo.

A conclusão é óbvia. As pessoas que sabem o que querem tendem a se dar bem porque focalizam sua idéia de forma positiva, e isso se reflete de forma externa e interna na sua atitude. Assuma uma atitude alegre na próxima vez em que conhecer alguém e veja como todo o seu ser muda. Suas feições, sua voz e suas palavras serão cheias de alegria. É um verdadeiro "pacote de comunicação". As outras pessoas reagem tendo como base os sinais que você transmite.

No próximo capítulo, veremos em detalhes como esses sinais se combinam para apresentar uma imagem positiva.

UM EXERCÍCIO DE ATITUDE:

Relembrando momentos felizes

Você sabe quando determinados sinais sonoros trazem lembranças especiais? Pois é. Quando eu tinha oito anos e fui passar férias com minha mãe em um *resort,* o que ficou na minha memória foi um homem fazendo rosquinhas frescas e Paul Anka cantando *Diana* ao fundo. Hoje, sempre que ouço essa música sinto o cheiro de rosquinhas frescas e me lembro daquelas férias felizes. Nesse caso, é a música que desperta a memória, mas o gatilho pode ser também algum elemento visual, um sentimento ou uma ação – até mesmo um punho cerrado, acredite!

Siga os passos abaixo e você entenderá melhor o que eu quero dizer. Use a mão com a qual você escreve e feche-a com força. Solte e repita esse movimento pelo menos duas vezes. Esse será seu gatilho. ➔

Assuma uma Atitude Realmente Útil, daquelas especialmente úteis quando se conhece alguém. Pode ser uma atitude curiosa, calorosa, paciente ou qualquer outra que ache que irá funcionar. Mas deve ser uma atitude que você já tenha assumido em algum momento da sua vida e da qual possa se lembrar.

Procure um lugar confortável, quieto e não muito iluminado, onde você não será perturbado durante uns dez minutos. Sente-se, coloque os dois pés no chão, respire devagar pelo abdômen (não pelo tórax) e relaxe.

Você está pronto. Feche os olhos e imagine a época de sua vida em que vivenciou a atitude que escolheu. Imagine esse acontecimento específico, com todos os detalhes que puder lembrar. A imagem é nítida ou embaçada, em preto e branco ou colorida? Grande ou pequena? Torne essa imagem o mais real possível. Agora, vá com calma, entre na imagem e olhe com seus próprios olhos. Anote o que viu.

Em seguida, lembre dos sons associados a essa imagem. Note de onde eles vêm: da esquerda, da direita, da frente ou de trás? São fortes ou suaves? Que tipo de som é? Música? Vozes? Ouça o tom, o volume e o ritmo. Tente sentir como eles contribuem para sua atitude. Ouça com cuidado que os sons fluirão.

Lembre das sensações físicas associadas ao acontecimento: o que estava à sua volta, a temperatura do ar, suas roupas, seu cabelo, se você estava sentado ou de pé. Depois, pense nas sensações dentro do seu corpo. Onde elas começam? Talvez se movam por todo o seu corpo. Pense nos cheiros e gostos, e os saboreie também.

Com os olhos ainda fechados, olhe mais uma vez a cena com os olhos "de dentro". Torne as imagens mais exatas, →

mais brilhantes, maiores. Torne os sons mais fortes, mais claros, mais puros e mais perfeitos. Torne as sensações mais fortes, mais ricas, mais profundas e mais quentes. Siga a intensidade das sensações, depois volte para o início e intensifique-as. Deixe as sensações tomarem conta de você.

Torne tudo duas vezes maior, mais forte e mais puro. Depois, duplique e faça tudo de novo. E de novo. Todo o seu corpo e sua cabeça estão repletos de experiências sensoriais. Veja, ouça, sinta. Reforce a sensação, fechando o punho com força e bem depressa – é esse o seu gatilho. Deixe a sensação invadir todo o seu ser. Intensifique todo o processo, fechando o punho e soltando a mão. Deixe as sensações invadirem seu corpo. Faça isso mais uma vez, depois solte a mão e o resto do corpo. Relaxe.

Espere mais ou menos um minuto e, em seguida, teste seu gatilho. Cerre bem o punho e note as sensações invadindo todos os seus sentidos. Teste novamente uns dois minutos depois.

Você está pronto para usar essa Atitude Realmente Útil sempre que desejar.

5. ações falam mais alto que palavras

As primeiras impressões são poderosas. Por mais que a gente tente, não dá para negar o fato de que a imagem e a aparência são importantes quando conhecemos alguém. Vestir-se bem é um bom caminho para uma impressão positiva quando você dá início a um novo relacionamento, mas como você faz para ser bem acolhido? E como projeta as partes agradáveis da sua personalidade?

Linguagem corporal

Sua linguagem corporal, que inclui postura, expressão e gesto, é responsável por mais da metade da reação dos outros a você.

Quando pensamos em linguagem corporal, tendemos a achar que isso significa o que acontece do pescoço para baixo. Porém, muita coisa que comunicamos aos outros – e o que eles percebem – vem do pescoço para cima. Os movimentos faciais e da cabeça têm um vocabulário igual ou superior ao do restante do corpo.

Os sinais que enviamos com nosso corpo são ricos em significado e de alcance global. Alguns são impressos em nós quando nascemos, outros são fruto de nossa sociedade e cultura.

No mundo inteiro, a sensação de pânico leva à proteção do coração com as mãos ou à paralisação dos membros. Um sorriso é um sorriso em todos os continentes, e a expressão dos lábios que caracteriza a tristeza é a mesma tanto em Nova York quanto na Nova Guiné. Os punhos cerrados de determinação e as palmas das mãos abertas da verdade enviam as mesmas mensagens na Islândia ou na Amazônia.

Mães e pais, em geral, embalam seus bebês com a cabeça virada para o lado esquerdo do corpo, perto do coração – considerado o centro de tudo. As expressões faciais e a linguagem corporal obedecem ao grande propósito de ajudar o corpo a manter o bem-estar da sua fábrica de sentimento, humor e emoção – seu coração.

A linguagem corporal é uma forma de comunicação que pode ser subdividida em duas categorias mais amplas: aberta e fechada. A linguagem corporal aberta expõe o coração, enquanto a linguagem corporal fechada o defende, o protege. Ao estabelecer uma nova conexão, é possível inclusive pensar em termos de gestos inclusivos e não-inclusivos.

Linguagem corporal aberta

A linguagem corporal aberta expõe seu coração e seu corpo, além de transmitir cooperação, concordância, disponibilidade, entusiasmo e aprovação. Esses gestos são feitos para serem vistos. Eles demonstram confiança. Eles dizem "SIM".

Seu corpo não sabe mentir. Inconscientemente, ele transmite, em uma linguagem própria, seus pensamentos e sentimentos para os corpos das outras pessoas, e esses corpos compreendem a mensagem perfeitamente. Qualquer contradição nessa linguagem corporal pode interromper o desenvolvimento da ligação.

No livro *Como conhecer as pessoas*, Gerard I. Nierenberg explica o valor dos gestos abertos. Eles incluem mãos abertas e braços descruzados e também um movimento sutil na direção da outra pessoa, como que dizendo "Eu estou com você" e mostrando aceitação: o casaco ou a jaqueta aberta, por exemplo, expõe, literal e simbolicamente, o coração. Quando usados juntos, esses gestos querem dizer "As coisas estão indo bem".

Os gestos positivos de corpo aberto atingem os outros. São, em geral, gestos lentos e com uma intenção. Quando uma pessoa aberta atinge o coração de outra, uma forte ligação se estabelece e a confiança se torna uma possibilidade. (Você conhece a sensação de um bom abraço? Ou de uma conversa do fundo do coração?)

Outros gestos comuns de acolhimento incluem colocar as mãos nos quadris com os pés separados, o que demonstra entusiasmo e boa vontade, e inclinar-se para a frente na cadeira, mostrando interesse. Descruzar os braços ou as pernas também indica que você está aberto para novas idéias.

Linguagem corporal fechada

A atitude defensiva é indicada através de gestos que protegem o corpo e defendem o coração. São gestos que sugerem resistência, frustração, ansiedade, teimosia e impaciência – são gestos negativos, que dizem "NÃO!".

Ficar com os braços cruzados é uma atitude comum a todas as manifestações de defesa. Eles escondem o coração e defendem os sentimentos, embora também possam indicar que a pessoa está relativamente relaxada. Para saber se os braços cruzados significam uma postura aberta ou fechada, é preciso observar outros gestos. Por exemplo, seus braços estão levemente dobrados ou apertados contra o corpo? Suas mãos estão fechadas ou abertas?

Os gestos defensivos são, em geral, mais rápidos e evasivos, e não são controlados de forma consciente. Seu corpo é regido pela atitude, útil ou inútil. Além dos braços cruzados, os gestos defensivos mais óbvios são evitar olhar direto para a outra pessoa e virar o corpo de lado. Inquietude é outra forma gestual negativa, que também pode demonstrar impaciência ou nervosismo.

É visível a diferença entre a pessoa que olha direto nos seus olhos, com ar honesto, e a que se posiciona de lado, com os braços cruzados e os ombros caídos enquanto conversa. Na primeira situação, a pessoa está apontando o coração abertamente para o seu coração. Na segunda, a postura é defensiva. O coração não aponta para você e está protegido. Uma está aberta, a outra está fechada. Estar exposto a essas duas posturas gera sentimentos totalmente diversos.

Gestos menores

Os gestos com as mãos também fazem parte do vocabulário da linguagem corporal. Eles também podem ser divididos em abertos (respostas positivas) e fechados ou velados (respostas negativas), a não ser que seu alcance seja muito mais intrincado e expressivo. Notem que esses gestos por si sós não querem dizer grande coisa. Só quando combinados com determinadas expressões ou outros elementos da linguagem corporal é que se pode deduzir que um punho cerrado significa "Puxa, meu cavalo ficou em primeiro lugar!", e não "Estou com tanta raiva que tenho vontade de bater no meu cavalo!".

O mesmo fenômeno ocorre na linguagem corporal acima do pescoço. Uma pessoa de feições abertas sorri, faz contato visual, dá um retorno, mostra curiosidade e levanta as sobrancelhas para indicar interesse. Em um encontro casual, uma olhada rápida e um baixar dos olhos querem dizer "Eu confio em você. Não tenho medo de você". O olhar prolongado fortalece o sinal positivo. Durante uma conversa, há quem balance a cabeça no final de uma declaração para indicar que uma resposta é esperada.

Em contraste, o rosto fechado se franze, os lábios se apertam e o contato visual é evitado. Há ainda uma outra categoria negativa a ser incluída nas respostas faciais. Nós a chamamos gentilmente de cara neutra e inexpressiva. É a pessoa que olha para você com ar de peixe morto. No próximo capítulo, você aprenderá como reagir a esse "ar ausente", que pode ser muito desconcertante se você não souber lidar com ele.

Freqüentemente eu examino a minha platéia e reconheço gente que já me ouviu falar antes. Reconheço essas pessoas porque elas têm "o ar de reconhecimento" estampado no rosto quando olham para mim. É um olhar, ou até mesmo uma atitude, de expectativa silenciosa de serem reconhecidas a qualquer momento. Bem, esse olhar pode produzir maravilhas com gente que você nunca viu antes. Se estiver sozinho, faça uma experiência agora. Dê um sorriso com a boca entreaberta, arqueie as sobrancelhas e vire a cabeça ligeiramente para trás, com ar de expectativa, e olhe diretamente para uma pessoa imaginária. Uma variação é virar a cabeça e olhar um pouco de lado, depois olhar diretamente para a pessoa com o rosto ligeiramente franzido e/ou os lábios apertados. Pratique bastante. Depois tente, sendo o mais sutil possível.

Na formatura de minha filha, aluguei um ônibus para que ela e seus amigos chegassem juntos à festa. Enquanto eu estava na agência pagando o aluguel do veículo, notei uma mulher sentada na mesa ao lado. Ela tinha um ar de quem me conhecia. Tentei lembrar de onde, mas não consegui. No final, tive de dizer: "Desculpe, nós já nos vimos antes?"

"Não", disse ela, num tom sério. Depois se levantou, estendeu a mão e sorriu. "Oi, meu nome é Natalie", disse.

Eu tinha sido obrigado a falar primeiro, e ela deu uma resposta gentil. Levantou-se, ofereceu sua mão, sorriu e se apresentou. Tudo de forma completamente inocente – ou será que não? Eu não tenho como saber. Mas nós estabelecemos uma ligação, e ela me fez conversar.

PAQUERANDO

O flerte clássico implica deixar o outro saber que você gosta dele e que gostaria de conhecê-lo melhor. Obviamente, a linguagem corporal é responsável por uma parte muito importante nesse jogo, assim como o contato visual. Dezenas de pequenos gestos são usadas para enviar mensagens sexuais: virar a cabeça, olhar para o outro durante mais tempo que o normal, colocar os quadris em certo ângulo e as mãos no ar. Olhar de lado é um gesto que pode sugerir dúvida se vier sozinho, mas se acompanhado de um ligeiro sorriso e de olhos semicerrados é um poderoso gestual de flerte.

O homem envia sinais com um ar arrogante; a mulher, com uma virada dos quadris. O homem afrouxa a gravata de forma velada, a mulher umedece os lábios. E por aí vai, os dois mostrando interesse um pelo outro através de olhares e posturas, até que alguns pequenos gestos se sincronizam e enviam o OK.

Coerência

Por que nós gostamos dos grandes atores e os levamos a sério se sabemos que eles só estão repetindo o texto que outra pessoa escreveu? Porque eles nos passam credibilidade, porque eles têm coerência.

Um estudo de 1967, de Albert Mehrabian, professor de psicologia da UCLA, mostrou que a credibilidade depende da coerência, ou concordância, de três aspectos de comunicação. No artigo intitulado "Decodificando a Comunicação Inconsistente", ele apresenta os percentuais de percepção de uma mensagem enviados através dos diferentes canais de comunicação: 55% das mensagens que nos atingem são de origem visual, 38% são de origem sonora e 7% envolvem as palavras que usamos.

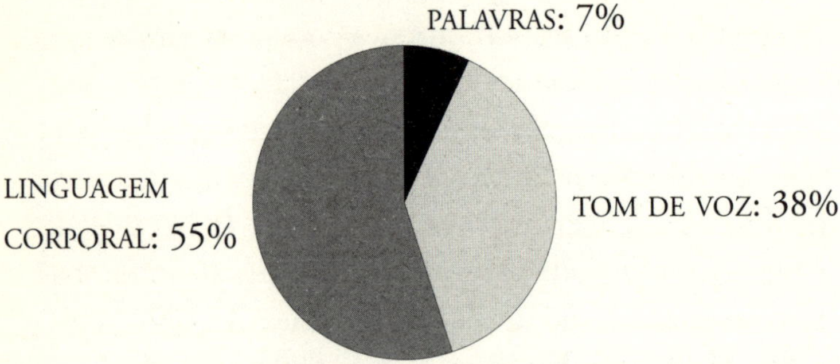

MENSAGENS CONFUSAS

Rosa, uma garçonete, dobra o anúncio que tirou de um jornal, limpa a mesa onde colocará seu novo computador e sai do apartamento.

Na loja de eletrônica, enquanto procura o último modelo de computador, um vendedor jovem nota o anúncio na sua mão e caminha até ela. Desabotoa a jaqueta, estende as mãos com as palmas para cima e olha dentro dos seus olhos. "Pelo visto você já encontrou o computador", diz ele com um sorriso. "Oi, meu nome é Tony."

Nos dez minutos seguintes, Tony conversa com Rosa com um ar relaxado e sincero. Olha-a com as mãos →

estendidas e inclina-se para a frente enquanto eles falam sobre os detalhes do computador. Rosa ouve com interesse, a cabeça virada de lado e a mão no rosto, quando Tony se oferece para "incluir" vários acessórios no valor de 95 dólares e concorda até em "eliminar o imposto".

Finalmente, mexendo no queixo enquanto decide o que fazer, Rosa meneia a cabeça. "Tudo bem, esse é o modelo que eu quero", diz ela.

"Ótimo", fala Tony, esfregando as palmas das mãos. "Vou precisar de cinco minutos para acomodá-lo numa caixa e levá-lo para baixo."

Rosa olha de lado e franze o rosto. "Vocês não têm um computador novo já acondicionado?"

"Isso talvez seja difícil no momento", diz Tony cerrando os punhos e pondo as mãos nos bolsos. "É uma compra maravilhosa, e esses computadores estão saindo como água." Abotoa a jaqueta, sacode os ombros e dá um sorriso nervoso.

Rosa vira a cabeça de lado com um ar inquisidor. "Então este é um modelo de demonstração?"

"Chegou hoje de manhã", diz Tony, com um sorriso pouco sincero. Dobra os braços na frente do peito e vira-se de lado, fingindo distrair-se com uma coisa sendo demonstrada no departamento de televisão ao lado. Sua voz fica fraca e pouco segura, e ele diz: "Esse computador tem a mesma garantia que um novo."

Rosa esfrega o lado do nariz, em dúvida. "Chegou hoje de manhã? Muito bem. Você pode me declarar isso por escrito?"

Tony dá as costas para Rosa e debruça-se sobre o monitor, mexendo nos cabos – uma desculpa para ➔

não olhar para ela. Então nota sua imagem em um dos espelhos da parede. *Puxa, cara, como eu sou idiota,* diz a si mesmo. Morde o lábio e vira-se para Rosa.

Mas Rosa foi embora.

Como boa garçonete, Rosa está habituada a ler a linguagem corporal. Ela percebeu que os gestos do vendedor entravam em conflito (faltava coerência) com suas palavras, e sabia que devia acreditar naqueles gestos. A mudança do tom de voz de Tony – que passou a implorar em vez de informar – serviu para confirmar seus sentimentos de dúvida.

O professor chamou a isso os três Vs da comunicação: visual, vocal e verbal. Para serem convincentes, eles devem passar a mesma mensagem. Esse é o verdadeiro fundamento da ligação intencional. Mais da metade da comunicação é não-verbal! É a nossa linguagem corporal que conta mais: a forma como agimos, nos vestimos, nos movimentamos, gesticulamos, e assim por diante.

Você precisa de provas? Pense na última vez em que esteve com alguém de braços cruzados à sua frente, batendo o pé no chão com ar irritado e depois falando "Eu estou bem". Em que você acreditou – nas palavras ou na linguagem corporal e tom de voz? As mensagens físicas, em geral, são muito mais eloqüentes que as palavras faladas. Como 55% da nossa comunicação ocorrem em termos de linguagem corporal, veja como é fácil, de forma consciente ou não, passar uma idéia de abertura ou de defesa para outra pessoa através dela. Os gestos, mais que as palavras, são indicadores reais das suas reações instintivas.

Se você quiser que os outros confiem em você, deve ser coerente. O que você fala e o que mostra com o seu corpo devem comunicar a mesma coisa. Caso contrário, o corpo da outra pessoa enviará um sinal de desconforto ao seu corpo. Em resposta a essa comunicação, seu corpo enviará um sinal para o seu cérebro, misturando um coquetel químico que corresponde ao desconforto que a outra pessoa está sentindo. Então, *os dois* sentirão desconforto, e será mais difícil estabelecer uma ligação. Quando os outros notarem a discrepância entre suas palavras e seus gestos, acreditarão nos gestos e reagirão de acordo com eles.

Portanto, a congruência ocorre quando seu corpo, seu tom de voz e suas palavras estão em consonância. Seu corpo, tom de voz e palavras precisam comunicar a mesma coisa para que você pareça sincero e confiável. É por isso que a Atitude Realmente Útil é tão importante. Parecer sincero, ou coerente, é um ingrediente-chave para estabelecer a sensação de confiança que abre as portas para a simpatia e o relacionamento pessoal.

Todos nós já vimos aqueles filmes antigos em que um casal está dentro do carro e no fundo aparece uma estrada reta como uma seta. Trata-se de uma idéia falsa – você sabe que eles estão em um estúdio, sendo balançados dentro de uma caixa. Seus sentidos lhe disseram que alguma coisa está errada, alguma coisa está dissonante. Você não consegue acreditar no que vê, se sente desconfortável – afinal, trata-se de uma situação incoerente.

UM EXERCÍCIO DE COERÊNCIA:

Palavras x entonação

Diga as frases abaixo com tonalidades diferentes: raiva, tédio, surpresa e charme. Note como sua linguagem corporal, expressão facial e respiração se combinam para alterar seu estado emocional.

"Está tarde."

"Para mim, basta."

"Olhe para mim!"

"Onde você nasceu?"

Para verificar a tonalidade, procure um amigo e diga uma ou duas dessas frases. Veja se ele sabe dizer quais dos quatro sentimentos acima você está expressando. Se isso não for óbvio, repita até que fique.

Certifique-se de que suas palavras, sua tonalidade e seus gestos digam a mesma coisa. Preste atenção na incoerência dos outros. Note como você se sente em relação a isso.

Reconhecer o comportamento incoerente é, na verdade, outro instinto de sobrevivência. Se você estiver de férias e for abordado por um estranho que sorri e esfrega as mãos, umedece os lábios e diz, "Bom dia, você gostaria de investir no melhor negócio do mundo?", é provável que fique em guarda. A verificação rápida em termos de coerência é instintiva, e uma outra razão por que a primeira impressão é tão importante.

Freqüentemente, as emoções e intenções de uma pessoa são mal compreendidas pelos outros. Uma mulher, em um de meus seminários, constatou que usava sem perceber um tom de voz incompatível com as suas palavras. "Não, eu não estou confusa, estou interessada", insistiu ela quando foi testada. De outra vez disse: "Não, eu não estou triste, estou relaxada." Isso continuou por algum tempo até que ela chegou à beira das lágrimas: "Agora eu sei por que meus filhos estão sempre dizendo 'Mamãe, por que você vive zangada conosco?'. Eu *não* me zango com eles. Fico apenas agitada às vezes."

Essa mesma mulher nos contou que seus colegas de trabalho diziam que ela era sarcástica – uma acusação, a seu ver, totalmente infundada. Na verdade, as palavras eram ditas em um tom de voz conflitante. O tom de voz é tão importante que faz com que a pessoa do outro lado interprete suas palavras através da tonalidade. Imagine que você desaponte seu time e alguém faça um comentário como "Que passe brilhante!" com uma tonalidade que demonstra aborrecimento. É muito diferente de quando você faz um gol fantástico e a mesma pessoa diz entusiasmada: "Que passe brilhante!"

A coerência, então, tem uma regra imutável: se seus gestos, tom de voz e palavras não disserem a mesma coisa, as pessoas acreditarão nos seus gestos. Aproxime-se de uma pessoa que você conheça, aperte os lábios e diga "Eu gosto de você", com a sobrancelha levantada e os braços cruzados, e pergunte o que ela sentiu. Ou melhor, tente fazer isso diante de um espelho. E então? Deu para entender? Seus gestos revelam o que você realmente quer dizer.

Sendo você mesmo

Você fica nervoso quando conhece uma pessoa nova? Fisiologicamente, o nervosismo e o entusiasmo têm muito em comum: o coração bate, o estômago dá voltas, o peito sobe e desce com a respiração ofegante e a pessoa se agita toda. Mas um desses estados pode fazer com que você saia correndo para um canto escuro enquanto o outro pode deixá-lo animado para seguir adiante. Há uma tendência para entrar em pânico quando se está nervoso, e isso naturalmente acelera as atividades do corpo. Como muito da sensação de nervoso se alimenta do excesso de autocrítica, tente redirecionar seu ritmo de forma consciente e objetiva. Uma boa técnica é imaginar que suas narinas estão abaixo do umbigo e que sua inspiração e expiração ocorrem nessa área. Quanto mais lento você conseguir respirar, mais segurança demonstrará.

Quanto mais cedo começar a dizer a si próprio que está entusiasmado e não nervoso, mais depressa conseguirá convencer seu subconsciente de que é assim que você realmente se sente. E, na verdade, é isso que importa. Ao mudar sua atitude, sua linguagem corporal e seu tom de voz mudarão automaticamente. Tenha em mente que a maioria das pessoas está tão ansiosa quanto você para estabelecer um novo relacionamento. Por isso, elas lhe concederão generosamente o benefício da dúvida.

Não tente demais! Em um estudo realizado na Universidade de Princeton, estudantes de ambos os sexos foram questionados sobre seus métodos de avaliar as pessoas que encontravam pela primeira vez. O excesso de ansiedade foi um dos maiores agravantes relatados. Não sorria demais, não tente ser inteligente demais e não seja gentil demais.

Quando agir com mais naturalidade, as pessoas começarão a notar características que o definem, diferenciando você dos outros. Você projetará com mais facilidade os aspectos apreciáveis da sua personalidade e terá controle e confiança com relação à sua capacidade de criar a ligação que deseja.

É simplesmente impossível ser incoerente quando você assume internamente qualquer tipo de atitude, útil ou não. Como sua atitude é o que vem em primeiro lugar, é um componente essencial da primeira impressão que você causa nos novos conhecidos.

6. as pessoas gostam de gente parecida com elas

Meu vizinho adora pescar. E seus filhos também, que, aliás, parecem com o pai e andam como ele. Que coisa! Eu não gosto de pescar nem meus cinco filhos tampouco, mas temos o mesmo senso de humor. Que alívio! Minha tia que mora na Escócia é médica, e a filha dela também. Elas pensam da mesma forma. Outra coincidência? A mulher que me vendeu um lindo queijo tipo Gouda no mercado tinha como ajudantes de trabalho a mãe e a filha. Todas com roupas iguais.

O que significa isso? Há algum tipo de modelo nesses exemplos? Por que essa gente é tão parecida? Porque elas cresceram com um comportamento harmonioso em vários níveis, físicos e mentais. Elas têm sincronia.

Desde os três anos de idade, o caçula do meu vizinho pega na vara de pescar com grande respeito, exatamente como seu pai. O menino senta exatamente como o pai e, quando joga o anzol na água, olha para ele a toda hora para ver se está fazendo a coisa certa. O garoto usa seus próprios instintos para aprender, seguindo uma orientação muito sutil a partir da expressão e linguagem corporal paterna e às vezes de uma voz gentil e encorajadora.

Sincronia natural

Nós aprendemos nossas especialidades de vida através da orientação e conexão com os outros. À medida que captamos os sinais dos nossos pais, companheiros, professores, da televisão e do cinema, nosso comportamento é modulado e organizado, sincronizando-se com a conduta dos outros e ajustando-se ao feedback emocional deles. Sem saber, nós nos sincronizamos com os outros desde que nascemos. Os ritmos do corpo do bebê são sincronizados com os da sua mãe, assim como os adolescentes adaptam seus gestos ao que é considerado legal pelo grupo. Enfim, nossas preferências são influenciadas pelos parceiros, amigos e a comunidade em que vivemos.

Nós nos sincronizamos com as pessoas à nossa volta o tempo todo. Estamos sempre influenciando o comportamento uns dos outros. A cada momento que estamos com outras pessoas, fazemos adaptações mínimas ao nosso comportamento, e elas ao nosso. Isso é que é sincronia. Nós processamos os sinais de forma inconsciente e os transmitimos aos outros através das nossas emoções. É assim que juntamos nossa força e nossas convicções, é assim que nos sentimos seguros. É assim que evoluímos. E é por isso que as pessoas gostam, confiam e sentem-se à vontade com gente como elas.

As pessoas contratam gente como elas.
As pessoas compram com gente como elas.
As pessoas saem com gente como elas.
As pessoas emprestam dinheiro para gente como elas.
E assim por diante – ao infinito.

Você deve ter notado que pode se entrosar imediatamente com algumas pessoas, mas, às vezes, sente uma antipatia imediata por outras. Já parou para pensar por que isso acontece? Lembre-se da última semana e das pessoas que você conheceu recentemente. Reviva esses encontros. O que fez com que você gostasse de algumas delas? Possivelmente, vocês tinham alguma coisa em comum – interesses, atitudes ou formas de se movimentar. As pessoas que se dão bem juntas, em geral, têm coisas em comum: pensam de forma semelhante, têm o mesmo gosto para música, comida ou livros, praticam os mesmos esportes. É natural que se sintam confortáveis umas com as outras e se gostem mais do que aquelas que não têm nada em comum.

Quando eu faço uma palestra, escrevo em um grande quadro-negro:

EU GOSTO DE VOCÊ!

Depois substituo o "gosto de" por "sou como", e a frase fica:

EU *SOU* COMO VOCÊ!

Não há como negar: gostamos das pessoas que são como nós. Em geral, nos sentimos à vontade com gente que nos parece familiar (de onde você pensa que vem a palavra "familiar"?). Preste atenção em seus amigos mais íntimos. Provavelmente, vocês se dão bem porque têm opiniões semelhantes, e talvez até formas semelhantes de fazer as coisas. É claro que surgem muitos pontos de divergência e vocês discutirão a respeito deles, mas essencialmente vocês são parecidos.

As pessoas que têm interesses semelhantes se relacionam de forma natural. Se você é aficionado por esportes radicais como um dos seus colegas de trabalho, isso poderá se tornar a base de uma ligação. Ou você vai ao parque com seus dois filhos e encontra outras mães – isso também serve de base para uma ligação. Você já deve ter ouvido a expressão "Eles são farinha do mesmo saco". Em outras palavras, quer dizer que as pessoas se sentem à vontade quando estão rodeadas de gente como elas.

O relacionamento casual se mantém não só na superfície, mas também de forma mais profunda. As mesmas crenças, aparências, gostos e circunstâncias contribuem para uma ligação. Talvez você se sinta confortável com gente de voz expressiva e fluente ou com pessoas sensíveis, que falam com suavidade e devagar. Talvez goste da companhia de quem expõe seus sentimentos quando se comunica ou de quem vai direto ao ponto e não mede as palavras. Você estabelece um relacionamento casual quando conhece alguém que cresceu com um estilo semelhante ao seu ou o desenvolveu ao longo do tempo.

A arte da sincronização

Mas por que esperar que um relacionamento aconteça naturalmente? Por que não se sincronizar diretamente com o outro assim que o conhece? Por que não investir menos de 90 segundos do seu tempo para estabelecer uma ligação proposital?

Olhe em volta em um restaurante, café, shopping ou outro local público e veja quais delas estão "ligadas" e quais não estão. Note como aquelas que têm afinidades se inclinam na direção uma da outra. Note a posição das suas pernas e braços. Elas se mexem de forma sincronizada, quase como que em uma dança: uma pega a xícara, a outra faz o mesmo; uma se reclina para trás, a outra se reclina também; uma fala com suavidade, a outra também. E a dança continua: posição do corpo, ritmo, tom de voz. Agora, olhe para as pessoas que estão juntas, mas não estão sincronizadas, e observe as diferenças. Quais casais ou grupos parecem estar se divertindo mais?

Recentemente, quando fiz uma palestra em Londres, vi um belo casal na décima fila. Ambos estavam vestidos de forma perfeita, com muita ênfase na cor e no detalhe. Eles estavam sentados em posição idêntica, inclinados para a direita, com as mãos dobradas ao lado do braço das suas respectivas cadeiras. De repente, como que respondendo a um sinal predeterminado, ambos transferiram o peso do corpo para o outro braço da cadeira, como nadadores sincronizados, balançando a cabeça e sorrindo em uníssono. Eles confirmaram tudo que eu estava dizendo. Mais tarde, eu os vi de novo e soube que eram casados há 47 anos; estavam em boa forma, eram saudáveis, felizes e totalmente sincronizados.

Nossa meta, portanto, é descobrir a estrutura da sincronia e modificá-la para que possa ser aplicada aos diferentes tipos de pessoas que conhecemos. A chave para estabelecermos um relacionamento bem-sucedido é saber como sincronizar o que o professor Mehrabian chamou de os três "Vs" da comunicação humana coerente – visual, vocal e verbal – para nos tornarmos o mais semelhante possível a outras pessoas.

Mas isso não significa que estou sendo falso ou pouco sincero?

Não. Lembre que estamos falando apenas de um minuto e meio! Ninguém está pedindo que você mude sua personalidade de forma total e permanente. Basta entrar em sincronia com outra pessoa para que ela se sinta à vontade, acelerando assim o que ocorreria naturalmente se você tivesse mais tempo. A idéia não é fazer com que seus movimentos, tom de voz e palavras sejam cópias dos do outro, mas fazer o mesmo tipo de coisa que faz com um amigo.

As práticas de sincronização nada mais são que um dispositivo de comunicação com a nossa maior fonte: as outras pessoas. Quando nos sentimos instintivamente atraídos um pelo outro, seja para conseguir cooperação ou um feedback emocional, ou para satisfazer alguma necessidade física, a sincronização acelera nossa unificação mental.

Em geral, quando viajamos para um país estrangeiro, o

plugue do secador de cabelo ou do barbeador não se ajusta à tomada. Você precisa de um adaptador para que o aparelho funcione, um dispositivo de conexão que fará com que o plugue caiba na tomada. Ocorre precisamente a mesma coisa quando você se relaciona com outra pessoa. Como o secador de cabelo ou o barbeador, você precisa de um adaptador. Então pense em sincronização como um dispositivo de adaptação que lhe permite fazer conexões suaves, de forma rápida. É uma forma de fazer com que o outro se torne aberto, relaxado e feliz na sua presença. É só fazer o que ele faz, tornar-se tão semelhante a ponto de ele pensar: "Eu não sei o que é, mas essa pessoa tem uma coisa que me agrada muito!"

Pense em sincronização como remar seu barco ao lado do barco de outra pessoa, apontando-o na mesma direção, na mesma velocidade e mantendo o mesmo ritmo, a mesma respiração, humor e ponto de vista da outra pessoa. À medida que ela rema, você rema.

Certa tarde, há alguns anos, eu estava sentado no chalé de um clube de esqui, esperando meus dois filhos menores terminarem de esquiar. De repente, entrou um vizinho, um advogado que era muito gentil com a minha família. Quando o vi chegar, decidi tentar uma prática simples de sincronização com ele. Pensei no resultado que eu queria (lembre-se de saber o que você quer), me levantei calmamente e fui em sua direção. Nós nos encontramos no meio da sala.

– Oi – disse ele com um meio sorriso, apertando a minha mão.

Usando um tom de voz igual, o mesmo sorriso e expressão corporal, eu repeti: "Oi."

Ele colocou a mão no quadril e com a outra apontou para a janela do chalé: – Estou esperando meus filhos terminarem!

– Eu também – disse, imitando os gestos dele. – Estou esperando meus filhos terminarem.

Eu me sincronizei com ele durante menos de 30 segundos de conversa normal e inocente. Então, de repente, ele falou: – Nós não temos muito contato com você e a sua família. Por que vocês não vêm jantar conosco uma noite dessas?

Acertamos a data ali mesmo. Eu podia quase ler o que tinha acontecido pelo jeito de ele torcer a boca. Ele estava pensando: "Esse sujeito tem alguma coisa que me agrada, mas não sei bem o que é." Obviamente, se ele tivesse notado que eu o tinha copiado, nunca me teria feito aquele convite!

Foi tudo muito fácil. Olhei para ele e imediatamente assumi sua postura global, usando gestos e expressões faciais semelhantes às dele. E usei palavras semelhantes. A coisa toda levou apenas uns segundos. Foi divertido e eu me senti bem. Realmente queria conhecer melhor aquele homem, e aquela foi uma oportunidade perfeita. Tenho certeza de que nós dois sentimos a vibração que só as pessoas podem gerar nas pessoas. Não há absolutamente nada tão excitante e gratificante no mundo como criar e desenvolver uma ligação que pode levar a uma nova amizade ou relacionamento.

E as pessoas difíceis? Sempre me perguntam o que se deve fazer quando se conhece alguém coberto de mecanismos de defesa: queixo contraído, braços cruzados defensivamente ou mãos enfiadas nos bolsos. Qual a melhor forma de se lidar com um brigão, uma pessoa tímida, um implicante ou uma pessoa arrogante ou agressiva? Não é intenção deste livro dar instruções detalhadas sobre a forma de lidar com gente difícil, mas aí vão algumas orientações básicas.

A regra número um quando se encontra uma pessoa difícil é fazer a si mesmo a seguinte pergunta: "Será que eu realmente preciso lidar com essa pessoa?" Se a resposta for negativa, não tome conhecimento dela. Se a resposta for positiva, pergunte-se o que você quer. Qual é o resultado desejado? Não se pergunte o que *não* quer.

Quando você entra em sincronia com "gente difícil", é vital que faça isso de forma não-ameaçadora. Depois que sincronizar com o corpo e o tom de voz deles, pode começar a "tirá-los" dessa atitude. Descruze os braços, solte os ombros e veja se eles fazem o mesmo. Se não fizerem, volte à sua posição original por um instante e tente de novo.

Uma dica sobre as pessoas tímidas: descubra seus interesses. Sincronize seus movimentos corporais e tom de voz com os delas, e faça aos poucos várias perguntas (ver próximo capítulo) até sentir uma centelha de entusiasmo. Imite suas atitudes, depois faça com que comecem a largar essas atitudes aos poucos. Tente se inclinar, ou se sentar inclinado para a frente, e veja se elas fazem o mesmo. Se não der certo, volte para o ponto em que estava e tente novamente. Você se surpreenderá ao perceber como isso funciona.

O ENCRENQUEIRO

O Sr. Szabo, dono de uma enorme cadeia de supermercados, é conhecido por sua forma intimidadora de lidar com os outros. Certo dia, ele chamou os gerentes de produto de três marcas concorrentes para visitar um dos seus estabelecimentos. Levou-os até um corredor onde seus produtos eram expostos e começou a repreendê-los pelo péssimo estado da embalagem dos produtos. Ele balançava os braços, mostrando o que estava errado, até que se levantou e baixou a voz, fazendo uma pausa para olhar para cada um dos gerentes, →

chegando até mesmo a cutucar o ombro de um deles, Paul. No final da preleção, os dois mais humildes menearam a cabeça e começaram a desculpar-se, o que deu ao Sr. Szabo ainda mais munição contra eles.

Desde que o Sr. Szabo começou a repreendê-los, Paul passou a entrar em sincronia com o seu humor e maneirismos. Quando chegou a hora de responder ao proprietário irado, quase *se tornou* o próprio Sr. Szabo – mas de uma forma absolutamente despida de ameaça. Imitou os gestos dos braços, a tonalidade, as pausas, sua atitude, chegou até a cutucar seu ombro e dizer: "O senhor tem toda a razão."

À medida que a conversa progredia, Paul acalmou seus gestos e o Sr. Szabo fez o mesmo. No final, o dono do supermercado pôs o braço em volta do ombro de Paul e o levou até a outra extremidade do corredor. Ao chegar lá, chamou uma pessoa de sua equipe e disse: "Dê a este homem toda a ajuda de que ele precisar."

Paul entrou com sucesso no mundo do Sr. Szabo e o levou rapidamente, com toda a habilidade e respeito, até onde ele queria.

Quando eu começo a me sincronizar? Tente não deixar que se passem mais de dois a três segundos para começar. Lembre da seqüência do Capítulo 2: Abertura (Atitude Realmente Útil e linguagem corporal aberta) – Coração (apontado para o outro) – Olhos (ser o primeiro a fazer o contato visual) – Sorriso (ser o primeiro a sorrir) – "Oi!" (apresente-se) – Inclinação (mostre interesse quando começar a se sincronizar).

Qualquer coisa que aumente a área em comum e reduza a distância entre você e o outro serve. E a forma mais rápida de se conseguir isso é entrar em sincronia com o máximo possível de aspectos do outro, adotar a mesma atitude, fazer os mesmos movimentos e falar da mesma forma.

Atitude sincronizada

A atitude sincronizada leva em conta a localização e o humor. Muitas vezes é uma atitude de apoio, como quando um amigo é provocado e você fica do seu lado, ou quando um pai ou mãe assume a dificuldade do filho com o dever de casa, ou quando você participa da alegria do seu companheiro que foi promovido. Quando as pessoas "vivenciam coisas juntas", em geral se sincronizam até nos suspiros de desespero e nos gritos de alegria.

Perceba os sentimentos dos outros. Entre em sincronia com seus movimentos, sua respiração e expressões – "identifique-se profundamente" com eles. Sintonize no humor geral sugerido pela voz deles e assuma essa atitude.

Linguagem corporal sincronizada

Como você já sabe, a linguagem do corpo é responsável por 55% da nossa comunicação. É o aspecto mais óbvio, mais fácil e mais gratificante para você se sincronizar a fim de estabelecer uma ligação. Mesmo que você não queira aprender nada mais com este livro a não ser a capacidade de entrar em sincronia com a linguagem corporal dos outros, ainda assim estará a quilômetros de distância de onde estava no mês anterior.

FAZENDO O QUE É NATURAL

Dave saiu para comprar um presente de aniversário de casamento para sua mulher. Ele estava em dúvida: ou comprava o último modelo de laptop ou um quadro para a sala de jantar. →

Entrou primeiro na loja de computador e aproximou-se do balcão, onde viu um vendedor de terno escuro sorrindo. Até aí tudo bem. Quando o vendedor começou a explicar as diferenças entre os modelos, levantou a perna direita e colocou-a em um tamborete baixinho próximo dele. Depois, inclinou-se sobre o joelho esquerdo, pensativo, e continuou sua explicação. De repente, Dave ficou louco para sair dali. Não por falta de interesse, mas por aquela atitude machista, com a perna levantada, completamente fora de sintonia com sua própria postura, que fez com que ele não se sentisse à vontade.

Na galeria de arte, a história foi completamente diferente. Dave parou diante de um quadro que lhe chamou a atenção, com uma atitude contemplativa: o peso do corpo em uma perna, os braços dobrados, uma das mãos no queixo e um dedo em volta dos lábios. Depois de um minuto percebeu alguém de pé atrás dele e ouviu uma voz suave e gentil dizendo: – Bonito, não é?

– É sim – disse Dave, com uma voz pensativa.

– Se precisar de ajuda, é só dizer – falou a senhora ao seu lado, passando para o outro lado da galeria.

Cinco minutos depois, ele tinha comprado o quadro, pois lhe pareceu uma compra natural.

Dave sentiu-se à vontade olhando a pintura. A mulher aproximou-se, com a mesma linguagem corporal dele e a mesma atitude. Ela fez uma conexão exercendo uma sincronia perfeita e natural: 55% de linguagem corporal, 38% de tom de voz e 7% de palavras — os três Vs.

Talvez você esteja pensando: "Mas as outras pessoas não notarão que eu estou imitando seu comportamento?" Na verdade não notarão, a não ser que a imitação seja gritante. Lembre que seus movimentos devem ser sutis e respeitosos. Se o outro enfiar o dedo no ouvido e você fizer o mesmo, ele provavelmente notará. Mas, quando a pessoa está concentrada em uma conversa, não perceberá a sincronização sutil.

Gestos específicos. Os movimentos da mão e do braço são especialmente fáceis e naturais de serem imitados. Algumas pessoas levantam as sobrancelhas quando falam, outras movimentam as mãos quando desejam se exprimir. Faça o que elas fazem. Se você achar isso constrangedor no início, vá aos poucos até se tornar um perfeito sincronizador. Só o fato de você notar esses diferentes tipos de gestos já é um passo para fazer com que os outros gostem de você em menos de 90 segundos.

Postura corporal. A atitude corporal mostra como as pessoas se apresentam e é um bom indicador do estado emocional. É por isso que nós, às vezes, nos referimos a isso como "adotar uma postura". Quando você adota a postura exata de uma pessoa, pode ter uma boa idéia de como ela se sente.

Movimentos do corpo como um todo. Seja em uma entrevista de emprego ou durante uma conversa para angariar fundos para um museu, observe os movimentos do corpo da pessoa, depois os imite com sutileza. Se ela está com a perna cruzada, cruze a sua; se está encostada no piano, encoste-se também. Se estiver sentada de lado em uma banqueta, sente-se de lado também; se estiver de pé com a mão nos quadris, faça o mesmo.

Movimentos de cabeça. São os mais simples de serem sincronizados. Os fotógrafos de moda sabem que a grande "magia" de uma bela foto é a "insinuação" criada pelos sutis movimentos de cabeça. É claro que o rosto é importante, mas são os ângulos que enviam a mensagem. Preste bem atenção a eles. A maioria dos bons médicos e terapeutas sincroniza os movimentos sem que se perceba. É como se eles dissessem: "Eu estou ouvindo você, estou vendo o que está dizendo e gostei de você."

Expressões faciais. Assim como os movimentos de cabeça, as expressões faciais mostram concordância e compreensão. São espontâneas. Quando a pessoa sorri para você, sua tendência natural é sorrir de volta. Quando ela arregalar os olhos de surpresa, arregale os seus também. Note como as pessoas com ligação mais íntima agem o tempo todo. É uma forma fácil e natural de fazer com que alguém goste de você em menos de 90 segundos.

Respiração. Preste atenção também na respiração. É rápida ou lenta? Vem do alto do peito, da parte baixa do peito ou do abdômen? Você pode saber como a pessoa está respirando observando seus ombros ou as dobras da sua roupa. Sincronizar-se com a respiração pode acalmar e confortar as pessoas.

UM EXERCÍCIO DE SINCRONICIDADE:

Entrando e saindo de sincronia

Para este exercício você precisará de mais duas pessoas: A e B. A é a primeira a agir, B sincroniza-se com as ações de A e você faz o papel de diretor.

Sentadas, de pé ou andando, A e B conversam com naturalidade. A resolve movimentar-se bastante para que B se sincronize com seus movimentos de corpo e gestos. Depois de cerca de um minuto, diga para elas interromperem a sincronia. Então B faz deliberadamente movimentos diferentes dos de A. Depois de mais um minuto, diga para B entrar em sincronia de novo. Então, →

faça com que elas interrompam a sincronia mais uma vez. Finalmente, mande-as entrar em sincronia antes de terminarem o exercício.

Agora, troque de lugar com A ou B. Faça essa troca várias vezes, para que cada uma assuma um papel diferente no exercício. Compare as anotações no final de cada troca. Os comentários serão provavelmente os seguintes: "Quando saímos de sincronia, foi como se uma enorme parede tivesse sido levantada entre nós" ou "Quando deixamos de nos sincronizar, o nível de confiança desabou".

Você pode também tentar por conta própria. Entre em sincronia com alguém durante uns dois minutos, depois deixe deliberadamente de se sincronizar com os movimentos do outro por um minuto e volte de novo a ficar sincronizado. Entre e saia à vontade e note a diferença – ela será tangível.

LIDERANÇA

Quando você está sentado conversando com um amigo e um de vocês cruza a perna, o outro talvez faça o mesmo sem pensar. Isso significa que um de vocês está seguindo a liderança do outro, o que é um claro sinal de que ambos estão ligados.

Quando você se tornar eficiente em entrar em sincronia rapidamente, faça um teste para ver como vai indo sua ligação. Depois de três a quatro minutos, independentemente do que aconteceu antes e sem que o outro note o que você está fazendo, faça um movimento sutil fora da sua sincronização – incline-se para trás, cruze os braços ou vire a cabeça de lado. Se a outra pessoa fizer o mesmo →

que você, é prova de que está sincronizada e estabeleceu uma ligação – ela segue inconscientemente a *sua* liderança. Se a outra pessoa não seguir sua liderança, volte a sincronizar-se com ela durante uns minutos e tente de novo até que funcione.

Eu ensino os voluntários que acompanham pacientes com câncer a estabelecer uma ligação com eles. Essa é a primeira coisa que eu enfatizo. Inspire e expire com eles. Quando você começar a falar, fale enquanto estão "expirando", o que produz um efeito altamente calmante.

Ritmos. A mesma regra aplica-se a qualquer coisa rítmica. Se a pessoa bater o pé no chão, por exemplo, bata seu lápis na mesa. Nas circunstâncias certas e com uma aplicação criteriosa, isso funciona bem, desde que o outro não perceba a situação.

Sincronizando a voz

A voz é responsável por 38% da comunicação interpessoal. Mostra como o outro está se sentindo, reflete a atitude dele. As pessoas confusas *têm voz* confusa, e as pessoas com atitude curiosa *têm voz* curiosa. Você pode aprender a sincronizar esses sons.

Tom. Note as emoções passadas pelo tom de voz. Sintonize nessas emoções, tente senti-las e use o mesmo tom.

Volume. A outra pessoa fala baixo ou alto? Sincronizar o volume não é muito importante, mas *não* o sincronizar é. Se você é naturalmente barulhento e animado e conhece uma pessoa suave e reservada, não é preciso dizer que ela se sentiria muito mais à vontade com alguém que falasse no seu mesmo tom de voz. Ao contrário, uma pessoa jovial, falando alto, teria muito mais em comum com alguém que mostrasse um nível de exuberância semelhante.

Velocidade. A outra pessoa fala depressa ou devagar? O indivíduo pensativo e de fala lenta pode se sentir inseguro ou confuso com alguém que fale depressa, da mesma forma que aquele que fala de forma pausada pode fazer com que o outro que pensa depressa se desinteresse do assunto. Conversar na mesma velocidade faz tanto sentido quanto caminhar na mesma velocidade.

Timbre. A voz sobe e desce? O timbre de voz é uma das formas de mudar o nível de energia de alguém. Quando você aumenta o timbre e o volume, fica mais agitado. Quando baixa o timbre e o volume, fica mais calmo, chegando a sussurrar.

Ritmo. A voz é fluente ou irregular? Algumas pessoas têm uma forma melódica de falar, e outras têm uma fala metódica e pragmática.

Palavras. Há mais uma área poderosa que nós podemos sincronizar: o uso das palavras preferidas de uma pessoa. Falaremos sobre esse mundo fascinante no Capítulo 9.

A sincronização permite que você se identifique profundamente com outras pessoas e as compreenda melhor. Pratique a sincronização em todas as suas atividades, seja em uma entrevista, no ônibus, cuidando dos seus filhos, acalmando um cliente descontente ou conversando com o caixa do banco. Você provavelmente não ficará sem parceiros. Torne isso uma parte da sua vida nos próximos dias até que a prática o leve a agir com competência sem pensar.

7. não basta conversar – é preciso ouvir também

Então é isso! Você acabou de se apresentar a alguém. Lembrou de usar uma linguagem verbal aberta e de manter seu corpo, tom de voz e palavras dizendo a mesma coisa. Foi o primeiro a fazer o contato visual e o primeiro a sorrir. Você se apresentou, e, milagre dos milagres, depois de três segundos o nome da outra pessoa não foi esquecido. Você começou a sincronização e está confiante em estabelecer uma ligação. Mas, e depois?

É hora de conversar! A conversa é uma forma muito significativa de construir uma ligação e criar laços de amizade. É constituída de duas partes importantes: conversar e ouvir. Ou, como veremos em breve, fazer perguntas e ouvir ativamente.

Você já deve ter vivido uma situação em que sentiu vontade de conversar com alguém, mas de repente sentiu a língua presa. Talvez tenha sentido um nó no estômago quando se sentou no avião ao lado de uma pessoa de aparência interessante, mas não conseguiu pensar em uma forma de iniciar uma conversa. Não conseguia evitar pensamentos negativos: "O que ela vai pensar de mim? Será que eu sou um chato? Estou incomodando?" E, mais importante ainda: "Como eu vou começar a conversa?"

A idéia é fazer com que o outro fale, depois descobrir o que lhe interessa para poder entrar em sincronia de forma conveniente. Esse é o reino do bate-papo, a busca da base para uma ligação. É nesse momento que você irá descobrir interesses em comum e outros pontos de referência para o relacionamento. A conversa séria pode girar em torno do desarmamento nuclear ou da política, mas o bate-papo é todo o resto: a reforma do seu banheiro, a multa por excesso de velocidade ou a cor do novo carro esporte da sua prima.

Pare de falar e comece a perguntar!

A conversa é a forma de descobrir o que se passa na cabeça dos outros, de enviar uma mensagem, ou ambas as coisas. E as respostas são as centelhas da conversa.

Há dois tipos de perguntas: as abertas exigem uma explicação, portanto a outra pessoa tem de falar, e as fechadas exigem apenas um "sim" ou um "não" como respostas. O problema das perguntas fechadas é que, depois que elas são respondidas, você volta à posição anterior – e terá de pensar em outra pergunta para manter a conversa.

Uma fórmula simples para iniciar uma conversação: comece com uma declaração sobre o lugar ou a ocasião, depois faça uma pergunta aberta.

É uma boa idéia dizer alguma coisa, de preferência que se refira a algo que você já tem em comum com a outra pessoa, antes de fazer uma pergunta aberta. O encontro ou a festa em que vocês estão, algum acontecimento do momento, ou até mesmo o tempo pode funcionar em uma emergência! Nós chamamos isso de declaração de ocasião. Os exemplos podem ser: "Que sala elegante!", "Veja quanta comida", "O serviço estava maravilhoso", "Minha mulher adora tocar piano", "Ele não chegou a saber o que o atingiu". Esse tipo de coisa.

Depois vem a pergunta aberta: "De onde você acha que esses vasos vieram?" ou "Você o conhecia bem?". O próprio fato de sua pergunta ser aberta lhe garantirá rapidamente informações espontâneas.

Use palavras de abertura. A boa conversa é como um jogo amador de tênis, em que as palavras são jogadas para lá e para cá enquanto houver interesse mútuo. Quando as palavras saem da quadra, é hora de dar o saque de novo.

As perguntas abertas começam com uma das seis palavras geradoras de conversa: *Quem? Quando? O quê? Por quê? Onde? Como?* Essas palavras exigem uma explicação, uma opinião ou um sentimento: "Como você sabe disso?", "Quem lhe contou?", "De onde você acha que vem essa informação?", "Quando você chegou a essa conclusão?", "Por que eu estaria interessado?", "De que servem essas palavras?". Elas nos ajudam a fazer conexões porque obrigam o outro a começar a falar e a se abrir.

Você pode fortalecer esses geradores de conversa acrescentando verbos sensoriais específicos: ver, dizer e sentir. Ao fazer isso, estará pedindo que a pessoa use sua imaginação e lhe mostre alguma coisa pessoal. "O que você se *vê* fazendo daqui a um ano?", "*Diga* por que você decidiu ir para Bali nas suas férias", "O que você *sente* quando viaja de avião?".

Evite palavras de fechamento. Essas palavras farão com que você jogue tênis sozinho contra uma parede de tijolo. O oposto das palavras de abertura são os seguintes interrogativos: Você é...? Você faz...? Você tem...?"

Em suma, quaisquer formas de questionamento com os verbos "ser", "fazer" e "ter" fecharão suas chances de uma conversa que induz à ligação. Elas suscitam uma resposta de uma só palavra: "sim" ou "não". E então? Você terá de fazer outra pergunta. Da seguinte forma você não chegará a lugar algum:

– Tem certeza?

– Tenho.

– Você vem sempre aqui?

– Não.

– Você já imaginou como seria maravilhoso largar tudo e ir fazer *bungee jump* no meio da tarde?

– Já.

– Você percebeu que, por mais longas e interessantes que sejam suas perguntas, se elas começarem com palavras de fechamento é provável que as respostas se resumam a uma só palavra?

– Percebi.

Durante um dia inteiro não faça nada mais que perguntar e responder às perguntas com outra pergunta. Faça apenas perguntas abertas. Em breve você entenderá.

Na realidade, as palavras de fechamento têm seu lugar – os policiais, os oficiais de alfândega e outros órgãos reguladores são ensinados a usar essas palavras para receber respostas "diretas". Contudo, eu gostaria de lembrar que qualquer um que teve o prazer de estar do outro lado desse tipo de "conversa" provavelmente detestou a outra pessoa em menos de 90 segundos!

Encontros casuais

Às vezes você se depara com uma pessoa interessante demais para ser deixada de lado. Esses momentos deliciosos parecem coincidir com o exato segundo em que seu cérebro congela e você fica sem ação: "Socorro, o que é que eu digo? O que devo fazer? Para onde vou olhar? O que os outros vão pensar?" Você começa a suar, seu coração palpita disparado, o rosto fica vermelho e sua linguagem corporal se torna ridícula.

A situação mais fácil é quando vocês são jogados um contra o outro: no metrô, no trem, no avião ou no ônibus, no elevador, esperando em uma lavanderia ou em um saguão de hotel, trabalhando em estandes vizinhos em uma exposição ou verificando se as frutas estão maduras no supermercado. Nessas situações, vocês já têm muita coisa em comum para trabalhar.

"Oi", "Olá" e "Bom dia", acompanhados de um sorriso, são boas formas de começar e de receber um retorno. Um sorriso é uma boa indicação de que você está na pista certa. Mantenha uma atitude simples, sem imposição, gentil, feliz e leve. Não se aproxime demais e não seja muito pessoal, senão poderá ser excluído. Se vocês dois são de sexos opostos, todo cuidado é pouco. Ele vai querer que ela diga para as amigas: "Eu conheci um sujeito muito legal hoje de manhã", e não "Aquele pervertido nojento tentou se encostar em mim".

Depois que você tem certeza de que a outra pessoa está respondendo favoravelmente à interação, pode apostar em frases um pouco mais abertas. Não é de surpreender que uma frase de abertura funcione melhor se for uma pergunta aberta, mas nem sempre você se lembra de uma que pareça natural. Às vezes é preciso começar com uma pergunta fechada ou uma declaração de ocasião: "Você sabe a que horas a farmácia fecha hoje?" ou "Puxa, que temporal!". Então se certifique se tem uma pergunta aberta pronta para fazer em seguida, caso a única resposta recebida seja um sim ou um não.

Abaixo estão alguns exemplos de "aberturas" a serem tentadas depois do olá e dos sorrisos iniciais. *Preceda todas elas de uma declaração de ocasião.*

Em qualquer lugar

De onde você é?

Eu nunca estive lá. Como é a sua terra?

Como você acabou vindo para cá?

Em um trem, avião ou ônibus

Quanto tempo você vai ficar em Salvador/Londres/Majorca?

De onde você é?

Você sempre morou lá? *Se a resposta for sim, tente:* Eu nunca estive lá. Como é a sua terra? *Se a resposta for não, diga:* Então, onde mais você morou?

Quanto tempo você vai ficar viajando?

O que você acha da Varig / dos novos ônibus com ar condicionado?

Uma observação interessante: Quando os americanos conhecem uma pessoa nova, tendem a perguntar: "O que você faz?", enquanto os europeus preferem dizer: "De onde você é?"

No supermercado

Se vocês dois estão na fila de peixe fresco, olhando as prateleiras de massas, ou checando os abacates, já têm alguma coisa em comum.

Como você pode saber se há mariscos suficientes na embalagem para duas pessoas?

Você sabe a diferença entre massa fresca e empacotada?

Como eu posso saber se os abacates estão maduros?

Você já tentou esse tipo de molho/sobremesa congelada/cogumelos? *Se a resposta for sim, diga:* Que gosto tem?/Como é? *Se a resposta for não, diga:* Você recomenda algum outro tipo?

Eu me esqueci de pegar uns picles. Você pode guardar meu lugar na fila? (*Isso pode ser uma boa tática para quebrar o gelo, pois você terá uma desculpa para conversar quando voltar – nem que seja sobre os picles. Mas não demore muito para voltar, senão vai se arriscar a aborrecer a pessoa.)*

Em um hotel/saguão de um hotel de estrada

Você sabe onde eu posso conseguir um mapa?

Você já ficou aqui antes? *Se a pessoa disser sim:* Que tal? *Se disser não:* Nem eu. Por que você escolheu esse hotel?

Você conhece esta cidade? *Se receber um sim:* Eu tenho só um dia para ficar aqui. O que você acha que eu devo ver? *Se receber um não:* Por que você veio parar aqui?

Em uma convenção

De onde você é?

Que seminários trouxeram você tão longe assim?

Você conhece bons restaurantes fora do hotel?

O que você achou do palestrante principal?

Eu vou pegar um café. Quer que eu pegue um para você também? (*Nota: Esse golpe funciona em inúmeras situações como uma forma de sondar o nível de interesse da outra pessoa. Em geral, se ela não está interessada, não aceita seu oferecimento. Se aceitar, quase sempre significa que está interessada em interagir um pouco mais.)*

Na lavanderia

Onde se consegue dinheiro trocado por aqui?

Você sabe onde eu posso comprar um refrigerante?

Será que não se deve mesmo misturar roupa branca com roupa de cor?

Em uma fila de cinema/teatro/show

Por que você escolheu esse filme/peça/show?

Então você é fã do Chico Buarque?

O que você achou do último filme desse diretor?

Em uma exposição/museu/feira industrial/feira rural

Uau, o que você acha *disso?*

Sabe onde estão as locomotivas clássicas?

De que você mais gostou até agora?

Você já viu aquela abóbora gigante?

Passeando com seu cachorro ou observando os outros donos e seus cachorros

Que beleza de cachorro! Qual é a raça dele?

Que coleira bonita. Onde você comprou?

Afinal, como é que os chiuauas são?

Dica: Os donos de cachorros acabam se socializando em lugares públicos, mas só compre um cachorro se você realmente gostar de bichos!

Encontrando aquela pessoa que você conhece de vista mas que nunca teve coragem de abordar

Oi, eu tenho duas entradas para o teatro/circo/recital e pensei se você gostaria de ir comigo.

Oi, eu estou um pouco nervoso, mas gostaria de te convidar para tomar um café.

Dica: Em todas essas situações, dê três chances para a outra pessoa interagir. Se ela não responder com entusiasmo, não seja insistente. Saia de perto com elegância, dizendo alguma coisa como "Um bom dia para você", "Aproveite bem o dia", "Aproveite a viagem" ou qualquer outra coisa que lhe pareça apropriada.

Informações espontâneas

É fácil obter informações de um estranho. Não me refiro a tentar conseguir o número do seu cartão de crédito, é claro. Estou falando sobre como descobrir o seu nome, seus interesses e outros detalhes desse tipo. Você vai perceber que quase todo mundo revela com boa vontade esse tipo de informação se as perguntas forem feitas de forma adequada.

A idéia é coletar respeitosamente o máximo de dados, informando os outros sobre você mesmo antes. Essas informações podem ser usadas para ampliar e aprofundar sua ligação.

As pessoas tendem a repetir o comportamento do outro. Por isso, é importante que você diga seu nome primeiro. Quanto mais falar e se abrir, mais informações vai obter.

Se começar com "Oi, eu sou Carlos Garcia", provavelmente o outro vai dizer também "Oi, eu sou Paul Tanaka".

E, se começar com "Oi, eu sou Carlos Garcia, sou amigo da Gail", Paul provavelmente responderá de forma semelhante. "Oi, eu sou Paul Tanaka e trabalho com o marido da Gail".

Quando você agrega informações junto com o seu nome, as pessoas tendem a responder da mesma maneira. Se não responderem, você pelo menos estabeleceu uma situação. Elas sabem o que você quer, basta encorajá-las. Levante a sobrancelha ou faça uma pergunta direta como "E você?".

PISTAS DESPERCEBIDAS

Mike chega na estação do metrô e vê uma moça de cabelo acobreado e terninho cinza-escuro. Ela pára a poucos passos dele e senta em um banco, colocando com cuidado a pasta ao seu lado e olhando o relógio.

Mike dá uma olhada furtiva, com os olhos meio fechados e os lábios ligeiramente apertados. Ele já viveu esse tipo de situação inúmeras vezes: observando uma pessoa, querendo se aproximar dela, mas morrendo de medo de dar o primeiro passo. Desta vez, ele repete para si mesmo que o que quer é apenas bater um papo com ela. Seu objetivo não é jantar com ela naquela noite, não é sair de férias com ela no sábado seguinte, muito menos se casar com ela no final do mês. Ele só quer trocar umas poucas ➔

palavras e ver se ela responde de forma simpática. Então, diz a coisa mais óbvia que lhe vem à cabeça:

– Ei, você se importa se eu me sentar aí?

A moça se afasta ligeiramente para a esquerda: – Não, eu não me importo – diz baixinho, e Mike se senta.

– Eu nunca vi você aqui antes? – pergunta.

– Hoje é o meu primeiro dia – ela responde. – Vou começar a trabalhar em uma agência de publicidade no centro da cidade.

– O metrô fica lotado a essa hora – diz Mike –, mas às vezes dá para ir sentado o tempo todo.

Mike deixou escapar algumas informações espontâneas: primeiro dia e agência. Ele devia ter aproveitado isso para usar as palavras de início de conversa: onde, o que, por que, quando, quem e como. O que você vai fazer na agência? Quem são seus principais clientes? Onde fica a sua agência? Como você conseguiu o emprego?

Tudo bem, agora vamos tentar isso do ponto de vista de uma mulher.

Dorita, designer de websites, está andando pela plataforma e vê um rapaz atraente, embora com um ar cansado, sentado em um banco. Ao sentar do seu lado, percebe que ele está lendo o mais recente livro de mistério de P. D. James. Simplesmente, sua autora favorita! Ele sorri quando ela se senta, e ela, sabendo que os dois têm o livro em comum, sorri de volta.

Mas o homem retoma sua leitura, e Dorita decide arriscar um contato.

– Então você também é fã de P. D. James! ➔

– Não – diz ele. – Você não vai acreditar se eu disser que este é o segundo livro de mistério que eu li em toda a minha vida.

– Por quê?

– Eu não tenho muito tempo para ler. Faço residência em um hospital na cidade.

– Eu já li todos os livros dela. P. D. James é minha autora favorita de livros de mistério. Mas eu também gosto muito de Dick Francis.

Que resposta Dorita pode esperar? Ela fez uma série de declarações, não perguntas. Ela até já tinha engatilhado uma segunda pergunta começando com "por que", mas ignorou as informações espontâneas de Joel. Em vez disso voltou a falar sobre si própria. Se ela tivesse ouvido atentamente, poderia ter aproveitado para perguntar "Que hospital? Residência em quê? Por que você escolheu essa especialidade?" Os "onde", "o que" e "por que" que a teriam levado a entabular uma conversa.

Sendo um bom ouvinte

Ouvir também faz parte do ato de conversar. Como bom ouvinte, você deve demonstrar que está realmente interessado no outro. A chave para ser um ouvinte ativo é fazer um esforço sincero para absorver o que o outro está dizendo e sentindo.

Ouvir é diferente de escutar. Você pode *escutar* um violoncelo dentro de uma orquestra, mas, quando *ouve* com atenção aquele mesmo violoncelo, se concentra objetivamente em cada nota e absorve a emoção.

Ouvir ativamente é uma tentativa de perceber os fatos e os sentimentos subliminares do que está sendo dito. Isso não significa abrir mão de suas próprias opiniões e sentimentos, significa que você está ali para criar a maior empatia possível. Você pode mostrar o quanto está entendendo através de um feedback adequado. Ouça com os olhos. Ouça com o corpo. Balance a cabeça. Olhe para a pessoa. Mantenha uma postura aberta. Encoraje o outro com palavras de apoio.

Vale fazer uma distinção aqui entre ouvir e simplesmente repetir "como um papagaio" e ouvir "atentamente".

Quem ouve "como um papagaio" apenas repete de maneira parecida o que foi dito pelo outro. Já quem ouve "atentamente" faz com que sintam que está interessado na conversa.

Dê um feedback verbal. Mergulhe no que a outra pessoa está dizendo. Esse tipo de feedback vai desde "Uau", "Ah-ah", "Oh" e "Hum" até reações enfáticas como "É mesmo?", "E então?" ou "Você está brincando! Então, o que ela fez?". Qualquer tipo de encorajamento é bem-vindo. Não deixa a peteca cair e mostra que você está ouvindo, embora não diga muita coisa.

Dê um feedback físico. Use uma linguagem corporal aberta e estimulante. Balance a cabeça e faça muito contato visual, mas não olhe fixo para o outro. Olhe de lado, com ar pensativo (olhar para as mãos de vez em quando dá a impressão de participação). Se você estiver sentado, ajeite o corpo para ficar bem na ponta da cadeira e mostrar que está interessado ou entusiasmado. Se estiver de pé, aponte o coração para o outro, balance a cabeça de vez em quando e assuma um ar pensativo, surpreso ou divertido, ou use qualquer outra Atitude Realmente Útil que seja apropriada ao que o outro está dizendo.

Dando e recebendo

Com a prática, manter uma conversa fácil e natural vai se tornar parte da sua natureza. Seguem aqui algumas boas dicas para você usar à medida que desenvolve a técnica. Primeiro, como sempre, assuma uma Atitude Realmente Útil. Seja curioso e mostre que se preocupa com os outros. Encoraje-os a conversar com você e esteja sempre disponível. Tente encontrar metas e experiências em comum e demonstre entusiasmo, inteligência e interesse.

Fale de forma clara e determinada. Falando mais devagar você vai parecer mais confiante, e falando mais baixo mostrará seu senso de humor. Uma boa dica é ficar a par dos acontecimentos e dos assuntos do momento. Leia um jornal diariamente para saber o que está acontecendo no mundo – pelo menos os fatos mais importantes. Nos meus seminários, eu peço que os participantes preparem seu próprio "comercial de 10 segundos". Na verdade, isso é apenas uma forma de dizer aos outros, em frases curtas, quem você é e o que você faz.

Seja autêntico. As pessoas gostarão de você pelo que você é. Quanto mais você aprender a relaxar, mais fácil isso será.

DRAMATIZANDO O DISCURSO

Todas as conversas, longas ou curtas, são pinturas verbais das suas experiências apresentadas para os outros. Quanto mais cor você der a essas experiências, mais interessante parecerão aos olhos das pessoas.

Veja, a seguir, uma descrição detalhada de um acontecimento diário:

"Nós nos mantivemos em fila esperando o teatro abrir durante mais de 20 minutos. Eu fiquei irritado." ➔

Não há nada que desperte a imaginação do outro. Em vez de falar em preto e branco, aprenda a falar colorido. Introduza na conversa o maior número possível de sentidos. Descreva como as coisas parecem ser, como elas soam, como fazem você se sentir e, se for o caso, quais são o cheiro e o gosto dessas coisas.

"Foi incrível ficar de pé ali em silêncio no meio de toda aquela gente. A chuva tinha parado há pouco tempo e meu colarinho estava úmido. As luzes dos prédios brilhavam nas poças d'água, e apareceu um vendedor de cachorro-quente..."

Essa é uma linguagem altamente sensorial, e a imaginação – sua e de todo mundo – se solta.

Lidando com elogios

Aceite todos os elogios com elegância. Com simplicidade. De forma direta. Evite a tentação de ser modesto demais ou apagado. A resposta-padrão de uma só palavra é "Obrigado". Depois, se você resolver transformar isso em uma conversa, vá em frente. No exemplo abaixo, vemos uma forma pouco elegante de agradecer:

– Marion, que saia bem cortada a sua!

– Obrigada, comprei por seis pratas num brechó.

Uma resposta mais simples e entusiasmada seria: "Obrigada, que gentileza sua ter notado." Um elogio também pode ser reconhecido com um olhar, um sorriso e um tom de voz agradável.

Elogio é bom, desde que seja sincero. Elogios exagerados ou falsos destroem a credibilidade e ameaçam qualquer ligação que tenha sido criada. Adulações, clichês desgastados e observações condescendentes não mostram nenhuma sinceridade e podem ser insultantes. Por outro lado, um elogio honesto pode reforçar a autoconfiança e até mesmo levar a ligação a um nível mais pessoal e caloroso.

Se você notar alguma coisa boa ou interessante em alguém, então o elogio procede. Evite palavras genéricas como "lindo", "bom" e "ótimo". Em vez de dizer "Lindo terno – que legal!", experimente "O azul lhe cai muito bem". É uma frase melhor. "Você é uma pessoa tão boa" deixa muito a desejar. "Você cria um bom astral à sua volta" é um elogio e tanto.

Os elogios específicos, em geral, são mais sinceros que os elogios genéricos. "Que ótima sopa!" não vai estimular tanto a dona-de-casa quanto "Que sopa bem temperada! Dá para sentir o gosto de alecrim".

Se você está elogiando a atuação de alguém, dê-se o trabalho de entrar em detalhes. "Você se saiu muito bem hoje" não tem tanta força quanto "Você abordou o problema do financiamento sem pestanejar. Foi uma estratégia impressionante".

Faça seu elogio da mesma forma com que faz uma saudação: abra seu coração e seu corpo, olhe diretamente para o outro, fale com uma voz clara e entusiasmada, faça um elogio específico e lembre de dar tempo ao outro de responder.

UM EXERCÍCIO DE TONALIDADE:

Efeitos sonoros

Seu tom de voz demonstra para os outros quais são seus sentimentos, e uma tonalidade agradável pode influenciar de modo positivo a forma de eles responderem. A tonalidade agradável ocorre quando sua voz vem de dentro do seu corpo, de seu abdômen. É uma →

voz profunda, rica e contagiante, em contraste com uma voz monótona ou de timbre alto.

Para aprimorar sua própria tonalidade, tente respirar e falar pelo abdômen. A "respiração de barriga" usa os pulmões ao máximo e é a forma mais calma e saudável de respirar. Você respira mais devagar e com menos estresse. Compare com a respiração feita pelo tórax, como cerca de 60% das pessoas fazem. A respiração pelo tórax é uma respiração de pânico, de uma situação de "lute ou fuja". É claro que, se você respirar pelo tórax, vai também falar pelo tórax.

Encoste levemente a palma de uma das mãos no tórax e a outra no abdômen. Respire até a mão que está no tórax parar de subir e descer e a mão do abdômen continuar a se mexer. Quando chegar a isso, tire as mãos e se mantenha respirando dessa forma – para o resto da vida. Você vai perceber que, quando fica nervoso ou excitado, volta a respirar pelo tórax. Tenha consciência disso, baixe o ritmo e perceba como você imediatamente ficará mais calmo.

Repita esse exercício com as mãos no lugar de onde vem sua voz. Desloque a voz do tórax para o abdômen. Ela deverá ficar mais baixa, mais rica e também um pouco mais lenta – exatamente como você precisa que ela fique para conseguir se relacionar com as pessoas e fazer com que elas gostem de você à primeira vista.

Evitando as armadilhas

Leia a lista dos "nãos" abaixo. Se você se flagrar fazendo alguma dessas coisas, talvez tenha abandonado sua Atitude Realmente Útil ou escolhido uma atitude inútil por engano.

Não interrompa e não termine a frase pelos outros, por mais entusiasmado ou impaciente que você esteja.

Siga o conselho de Dale Carnegie. Não reclame, não condene e não critique.

Sempre que possível, evite dar respostas curtas. Elas, em geral, não ajudam a manter uma boa conversa e acabam criando uma grande tensão. Quem monopoliza a conversa também atrapalha, pois deixa pouco ou nenhum espaço para descobrir interesses em comum. Quem faz isso é, em geral, considerado grosseiro ou chato.

Não há nada mais desconcertante do que falar com alguém olhando para o lado. Se isso acontecer com você, desculpe-se o mais rapidamente possível. As pessoas que fazem isso são incoerentes e, francamente, bastante grosseiras.

Por fim, cuidado com o mau hálito e todas as outras coisas desagradáveis de higiene pessoal. Não há desculpa para isso. Mau hálito, cheiro de suor e espinafre no meio dos dentes talvez não impressionem mal seu cão de estimação, mas não farão sucesso em uma festa dos colegas de escritório.

Sendo inesquecível

De que adianta conhecer alguém, criar uma impressão favorável e estabelecer uma conexão se, duas semanas depois, esse alguém se esqueceu de você? É como escrever uma história incrível no computador e esquecer onde a gravou. Se você der uma razão para o outro se lembrar de você, ele se lembrará. A mente humana adora fazer conexões.

Você deve se lembrar do trabalho do professor Mehrabian, em que ele mostra que a comunicação interpessoal é subdividida em: 55% na forma de olhar, 38% na forma de dizer as coisas e 7% nas palavras usadas. A mesma coisa acontece com a memória. Há estudos que mostram que aquilo que as pessoas vêem tem o triplo do impacto do que ouvem.

Pergunte-se as seguintes questões: Como eu posso me sobressair do resto das pessoas? Posso criar uma imagem pública ou algum toque especial? A verdade é que qualquer coisa pode lhe dar uma imagem especial: uma bela flor usada na lapela, óculos com armação de grife, roupas elegantes, sapatos impecáveis, gravata-borboleta, suspensório ou mesmo uma risada gostosa.

Uma amiga minha trabalha em uma rede de lojas de computadores e equipamentos de som. "Eu gastava meia hora explicando as características do produto, mas o cliente ia embora para pensar, voltava no dia seguinte e falava com o primeiro vendedor que encontrava e fazia a compra", ela me disse. "Não importava o fato de eu ter lhe dado meu cartão ou ter usado muito do meu tempo com ele. As chances de o cliente voltar para mim eram pequenas." Ela, então, descobriu um método para se fazer lembrar. Como ela é de Terra Nova (Newfoundland, em inglês), começou a dizer para os clientes procurarem por "Newfie" quando voltassem ou telefonassem para a loja. No Canadá, a palavra "Newfie" é geralmente alvo de piadas e chacota, mas minha amiga resolveu tirar vantagem dessa imagem.

Encontre alguma coisa para se destacar dos outros. Uma característica sua que possa ser lembrada.

Jill e Robin, duas senhoras de meia-idade, estão sentadas uma em frente à outra em uma mesa de um restaurante francês. Estão no meio do almoço quando várias pessoas sentam-se em uma mesa vizinha. Uma moça do grupo reconhece Jill e dá um grito de alegria. Ela tinha sido aluna de Jill há muitos anos.

Depois de muitos abraços e exclamações, Jill vira-se para sua companheira de mesa: – Robin, esta é a Edwina. Ela foi uma das minhas melhores alunas na época em que eu dava aulas em Stratford. Eu nunca me esquecerei da forma como Edwina organizava o seu trabalho. Tudo vivia em ordem e sua mesa era impecável. Às vezes, ela me deixava louca, mas eu ficava fascinada com toda aquela meticulosidade.

– Prazer em conhecê-la – disse Robin apertando a mão de Edwina.

– Agora me diga, Edwina, o que você anda fazendo da vida? – pergunta Jill.

Edwina começa a contar a Jill que trabalha como produtora de um programa de televisão local e acrescenta: – Muita gente lá no trabalho vem de Stratford. Você se lembra da Suzanne Sparks?

– Não, desculpe. Não consigo lembrar dela – diz Jill.

– A que sempre ia para a aula com aquelas roupas de couro malucas.

– Ah, agora me lembro, é claro. – Jill vira-se para Robin, incluindo-a na conversa. – Suzanne era uma ótima pintora. E acho que também falava espanhol e alemão. Ela ainda tem aquele cabelo vermelho espetado? – pergunta, virando-se para Edwina. ➔

– Não. Agora ela é alta e loura, é nossa diretora de programação. E de Toni, você se lembra? – continua Edwina. – Ela também trabalha conosco.

– Quem era a Toni? – pergunta Jill.

– Toni March. A que tinha muitas amigas. Morava em Malton. – Quando Jill não deu sinal de reconhecimento, Edwina disse: – Ela era muito estudiosa.

– Desculpe, querida, mas não estou conseguindo me lembrar de Toni. Quem mais trabalha lá com você?

– Greg Cuddy. Ele é nosso gerente de vendas.

– Não! Greg Cuddy, do anel no nariz? – Jill sacode a cabeça, sem acreditar. – Greg Cuddy era um rapaz muito nervoso. Ia para todo lado na caminhonete da mãe. Se não me falha a memória, ele tinha um site sobre carros na Internet. Publicava uns relatórios e vinha gente de...

Jill acaba convidando Edwina para sentar-se à mesa delas. As moças da mesa ao lado pedem o almoço sem a amiga, e o papo continua.

O objetivo dessa história é mostrar que é fácil para Jill lembrar-se de suas antigas alunas quando sua memória é acionada por uma imagem. As pessoas são mais lembradas quando algo as faz sobressair das outras.

8. entendendo nossos sentidos

De certa forma, nós humanos não somos muito mais que dispositivos sensoriais móveis. Nós vemos, ouvimos, sentimos, cheiramos e provamos. E, então, processamos as informações recebidas por meio de nossos sentidos. Todo dia sentimos o mundo através de estímulos sensoriais e então explicamos nossas experiências para nós mesmos e para os outros. Simples assim. Nós vamos dormir, e, quando acordamos no dia seguinte, começa tudo de novo. É assim que evoluímos. Obviamente, essa é uma maneira simplificada demais de explicar as coisas, mas para o objetivo deste capítulo ela nos dá base suficiente para que possamos desenvolver o assunto.

Essa é a maneira como se origina nossa Atitude Realmente Útil (ou Inútil). Há duas formas de explicar nossas experiências para nós mesmos e para os outros – é o que chamamos de estilos explicativos. Ao acordar de manhã e ver que está chovendo, quem for do tipo explicativo negativo dirá algo como "Que droga, está chovendo. Vai ser um dia péssimo". Já quem tiver um estilo explicativo positivo falará "Oba, ganhei uma lavagem grátis para o meu carro e, de quebra, ainda é superlegal para o jardim".

A questão é que a natureza de nossas explicações determina nossas atitudes, e as pessoas têm diferentes respostas para a mesma realidade externa.

É possível classificar essas respostas de acordo com conhecidos padrões de comportamento. Logo que começaram seu trabalho, na década de 1970, Richard Bandler e John Grinder, fundadores da Programação Neurolingüística, notaram que as pessoas podem ser divididas pela forma como filtram o mundo através de seus sentidos. São basicamente três tipos: Visual, Auditivo e Cinestésico.

Digamos, por exemplo, que três estudantes vão a um show de rock. Judy é basicamente Visual, Phyllys é Auditiva e Alex é Cinestésico. Quando eles descrevem, mais tarde, o show para os amigos, Judy pinta imagens verbais: "Uau, vocês deviam ter visto aquelas pessoas todas pulando, o cantor rasgando as calças e sua peruca voando!" Phyllis recria o ambiente musical: "A música estava incrível. A batida era ensurdecedora, todos gritavam e cantavam. Vocês deviam ter ouvido. Uma maravilha!" Já Alex, ligado aos sentimentos e ao toque, descreve o que sentiu: "Puxa, vocês deviam ter sentido aquela energia. O estádio estava entupido de gente. Mal dava para a gente se mexer, e, quando eles tocaram seus melhores hits, o lugar quase veio abaixo."

Em outras palavras, os Visuais tendem a usar imagens, os Auditivos descrevem o que ouviram e os Cinestésicos se referem às sensações. Estamos falando aqui de uma nova dimensão de sincronia e conexão.

Este capítulo vai além da atitude, da linguagem corporal e do tom de voz – ele vai fundo na maneira como nossos sentidos funcionam e, literalmente, dão sentido ao mundo à nossa volta.

Visual, Auditivo ou Cinestésico?

Como nós recebemos nossas informações externas basicamente através de imagens, sons e sentimentos, essas são as três formas nas quais podemos nos inspirar: o que vemos externa ou internamente, como uma imagem ou visão; o que ouvimos externamente ou através daquela vozinha interna; ou o que sentimos ou tocamos. Em geral, é a combinação dessas três experiências que nos ajuda a interpretar o mundo, mas um desses três sentidos – visão, audição ou tato – tende a predominar.

Para o olho (ou ouvido) mal treinado, todos nós parecemos, soamos e sentimos como pessoas comuns. Entretanto, para alguém bem treinado, existem diferenças sutis porém importantes. Como você pode imaginar, quem privilegia o visual será influenciado pelas aparências. Da mesma forma, aquele para quem o som é a coisa mais importante responderá ao efeito sonoro das coisas. E o que percebe o mundo através de sensações físicas sentirá as coisas, interna e externamente, pelo tato.

Certa vez eu ouvi dois políticos sendo entrevistados num programa de rádio. Ambos pensavam em disputar as próximas eleições. Quando o entrevistador pediu para eles "apresentarem seus planos", um disse em tom pensativo: "Eu estou fortemente inclinado a fazer o melhor que puder." A rápida reação do outro foi: "Agora que temos uma visão mais clara do futuro, eu posso ver grandes possibilidades." O entrevistador comentou: "Parece que vocês dois estão prontos para anunciar suas intenções."

O que você entendeu? Pôde sentir a diferença? O entrevistador, usando frases como "apresentem seus planos" e "anunciem suas intenções", era provavelmente um Auditivo. O primeiro candidato usou a linguagem física – "fortemente inclinado" – e falou deliberadamente, mostrando uma tendência Cinestésica. O segundo candidato teve "uma visão mais clara" e "viu as possibilidades", portanto me pareceu um verdadeiro Visual.

É claro que ninguém é 100% Visual, Auditivo ou Cinestésico. Na realidade, nós somos uma mistura dos três sistemas, embora, em cada pessoa, um deles domine os outros dois (mais ou menos como o caso do destro e do canhoto). Os estudos mostram que 55% das pessoas são motivadas basicamente pelo que vêem (Visual), 15% pelo que ouvem (Auditivo) e 30% pelo que sentem fisicamente (Cinestésico).

Experimente o teste das páginas seguintes e você começará a perceber por que se conecta facilmente a certas pessoas no primeiro contato, mas não a outras, e por que tem a sensação de que conhece certas pessoas embora nunca as tenha visto antes. É uma questão de harmonia sensorial. Quando dois Visuais se conhecem, eles se entendem, porque vêem as coisas da mesma forma (o que não quer dizer que concordem) e expressam suas experiências da mesma forma. O mesmo se passa com dois Auditivos ou dois Cinestésicos. Por outro lado, se uma pessoa que você acaba de conhecer vê, ouve ou sente o mundo de forma diferente da sua, é preciso aprender a reconhecer esse fato e adaptar-se ao comprimento da onda que ela emite para estabelecer uma ligação que possa levar a uma amizade ou relacionamento significativo.

TESTE

Qual é o seu sentido favorito?

Onde você se colocaria? Entre os Visuais, os Auditivos ou os Cinestésicos? Como muitos, você provavelmente diria "É claro que eu sou um Visual". Mas você pode ter uma surpresa. Faça o teste abaixo para ver como se sintoniza com o mundo. Assimile apenas uma resposta para cada pergunta fazendo um círculo em volta da letra correspondente. ➔

1) Se houvesse apenas três quartos disponíveis em um hotel na praia, eu escolheria o quarto...
   a) Com vista para o mar, mas muito barulhento.
   b) Que desse para ouvir o mar, mas sem vista.
   c) Com conforto, mas muito barulhento e sem vista.

2) Quando eu tenho um problema:
   a) procuro soluções.
   b) falo sobre o problema.
   c) reorganizo os detalhes.

3) Quando estou dirigindo um carro, quero que seu interior:
   a) esteja bem cuidado.
   b) seja silencioso ou potente.
   c) seja confortável ou seguro.

4) Quando eu falo sobre um show ou um evento do qual acabei de chegar, eu primeiro:
   a) descrevo o lugar.
   b) falo do aspecto sonoro.
   c) expresso minha sensação.

5) Nas minhas horas vagas, o que mais gosto de fazer é:
   a) ver televisão ou ir ao cinema.
   b) ler um livro ou ouvir uma música.
   c) fazer uma atividade física (artesanato/jardinagem) ou um esporte.

6) Uma coisa que eu acredito que todo mundo deve experimentar na vida é:
   a) visão.
   b) som.
   c) sensação.

7) Dentre as seguintes atividades, aquela a que eu mais me entrego é:
   a) sonhar acordado.
   b) ouvir meus pensamentos.
   c) prestar atenção aos meus sentimentos.

8) Quando alguém tenta me convencer de uma coisa, eu:
   a) quero ver a evidência ou prova.
   b) acabo me convencendo.
   c) confio na minha intuição.

9) Eu, em geral, falo e penso:
   a) depressa.
   b) moderadamente.
   c) devagar.

10) Eu normalmente respiro:
   a) pelo peito.
   b) pela parte inferior do peito.
   c) pela barriga.

11) Para me localizar em uma cidade desconhecida, eu:
   a) uso um mapa.
   b) peço informações.
   c) confio na minha intuição. →

12) Quando eu escolho uma roupa, o mais importante para mim é:
   a) que a roupa esteja limpíssima.
   b) que reflita minha personalidade.
   c) que seja confortável.

13) Quando eu escolho um restaurante, minha principal preocupação é:
   a) que ele me impressione.
   b) que eu possa ouvir minha própria voz.
   c) que seja confortável.

14) Eu tomo decisões:
   a) depressa.
   b) moderadamente.
   c) devagar.

Contagem:
a = ______
b = ______
c = ______

O a) é Visual, b) é Auditivo e c) é Cinestésico. Quanto maior o número em cada categoria, mais forte é a tendência.

Depois de fazer este teste, você não só terá uma forte indicação de como usa seus três principais sentidos como também começará a compreender que as pessoas podem ter diferentes prioridades. Há, porém, muitas variações envolvidas, sem contar o fato de que você já sabia qual era o objetivo do teste antes de fazê-lo. Nos →

meus seminários, em geral, eu peço que as pessoas completem este teste antes de perceberem seu significado.

Tente aplicar o teste em seus amigos e veja como eles se saem. Use os resultados para aprofundar sua percepção sobre eles e reconhecer suas preferências sensoriais.

Para você ter uma idéia de como as preferências sensoriais causam impacto na nossa vida, vou lhe falar sobre minha própria situação. Eu sou Auditivo e minha esposa é Cinestésica. Quando discutimos, Wendy sabe me atingir através da minha "linguagem". "Nick, você não está me ouvindo. Não está ouvindo uma só palavra do que eu estou dizendo." Se ela falasse "Você não vê o que eu estou dizendo?", ou, pior ainda, "Você não vê como eu estou me sentindo?", eu não conseguiria ver nem sentir nada.

É claro que eu faço a conexão intelectual óbvia, mas tenho de parar para pensar, meu cérebro tem de dar um passo extra para traduzir a linguagem dela em uma coisa à qual eu possa relacionar. Quando ela envia uma mensagem no comprimento da minha onda Auditiva, faz uma conexão direta – e rápida.

Por outro lado, se eu quiser me conectar diretamente com sua sensibilidade, eu digo: "Eu sei como você se sente quando isso acontece." Em outras palavras, eu uso uma abordagem Cinestésica. É simples e extraordinariamente eficaz.

Sintonizando-se nas preferências sensoriais

O que os tipos sensoriais têm a ver com fazer as pessoas gostarem de você em menos de 90 segundos? Mais do que você imagina. Quando você descobre as preferências sensoriais dos outros, pode entrar em sintonia com o comprimento de onda deles. Se você quiser se relacionar melhor com seu cônjuge, fazer com que alguém fique do seu lado em uma discussão, realizar aquela venda, conseguir aquele emprego ou impressionar alguém em uma festa, será de grande valia reconhecer se as pessoas são Visuais, Auditivas ou Cinestésicas.

LINGUAGEM METAFÓRICA

As palavras "Eu esquadrinhei os quatro cantos do mundo" dizem muito mais do que "Eu procurei por todo lado". Elas forçam a conexão com investigação, eficiência, detalhe, determinação e muito mais. E também envolvem visão, som e sensação – por isso, as metáforas são agradáveis tanto para os Visuais como para os Auditivos e os Cinestésicos. Os Visuais podem imaginá-las, os Auditivos podem ouvi-las e os Cinestésicos podem sentir o que está acontecendo.

As metáforas contêm idéias. Conectam nossa imaginação com a realidade externa. Nós usamos metáforas regularmente, em geral sem perceber, para explicar nossos pensamentos. E também as usamos para tornar as coisas mais interessantes. Parábolas, fábulas, histórias e anedotas são algumas das ferramentas mais antigas e poderosas de comunicação, e seus aspectos metafóricos são eficazes em quase todas as circunstâncias. Elas suscitam a imaginação e apelam para todos os sentidos.

Em suma, as metáforas nos ajudam a compreender uns aos outros de forma mais fácil, mais rápida e mais rica.

No dia seguinte a um dos meus seminários, recebi um telefonema animado de uma mulher que tinha participado. Seu nome era Barbara, e ela era dona de uma loja de tapetes.

"É incrível!", ela disse. "São dez horas da manhã, nós estamos abertos há apenas uma hora e eu já consegui vender para os cinco clientes que entraram na loja. Isso nunca aconteceu antes!

"Foi perfeito para o meu negócio", continuou a mulher, referindo-se à minha palestra sobre como descobrir se as pessoas com quem lidamos são Visuais, Auditivas ou Cinestésicas. "As quatro primeiras vendas foram provavelmente normais, embora eu tivesse me lembrado do que tinha aprendido. Mas a quinta... Uma senhora entrou na loja arrastando o marido. Nitidamente, ele não queria estar ali. Eu descobri logo que ele era um Cinestésico, e, em 30 segundos, consegui que o homem ficasse de joelhos e sentisse a textura do tapete. E o tapete foi comprado.

"Eu sabia que, se dissesse para ele 'Imagine como esse tapete vai ficar na sua casa', ele não teria conseguido imaginar nada porque não é do tipo Visual. Ou, se eu dissesse 'O senhor vai notar que quando as crianças correrem pela casa não vão mais fazer tanto barulho', ele tampouco conseguiria fazer essa conexão porque não pensa dessa forma – ele não é um Auditivo. Eu descobri, pelas suas roupas e pelo seu modo de andar e de falar, que ele era um Cinestésico. Então, falei 'Sinta a textura do tapete'. E ele sentiu. Na mesma hora. Ajoelhou-se no chão e passou a mão no tapete."

Se você não se sente seguro sobre como lidar com uma situação, não se preocupe. Esteja preparado para incluir as três preferências na sua abordagem. Identifique os Visuais; afinal de contas, eles correspondem a mais da metade das pessoas que você provavelmente vai encontrar durante o dia. Cuide da sua voz, desenvolva uma tonalidade agradável para os Auditivos com quem você irá falar. E seja sensível e flexível com os Cinestésicos. Se estiver lidando com um grupo, o mesmo método se aplica. Afinal, haverá pessoas dessas três categorias, e você vai querer atrair todas elas.

Acima de tudo, lembre que a capacidade de se sintonizar com a forma de os outros sentirem o mundo pode ser uma das descobertas mais importantes da sua vida.

Há alguns meses, fiz o discurso de abertura em uma convenção de construtores. Durante minha apresentação, encarnei todos os papéis exatamente para ilustrar as diferenças comportamentais entre os Visuais, Auditivos e Cinestésicos em uma comunicação interpessoal. Quando terminei de falar, um homem grande, rude, mas bem-arrumado, me chamou de lado. Estava muito emocionado, à beira das lágrimas. Sacudindo a cabeça de um lado para o outro, ele começou: "Eu não sei o que dizer. Vou agora mesmo na escola do meu filho para lhe dar um abraço." O homem mal conseguia falar. "Durante anos, eu fiquei furioso com ele. Quando eu falo com o meu filho, ele vira a cabeça de lado e não olha para mim. Isso me deixa maluco, e eu grito para ele 'Olhe para mim quando eu estiver falando!'. Ele quase não olha dentro dos meus olhos quando eu lhe dou uma ordem. Depois de tudo que você disse, eu percebi que ele é um Auditivo. Não está me ignorando quando olha para o lado, está virando o ouvido na minha direção para poder se concentrar. E eu sou um Visual, preciso do contato olho no olho." Apertou a minha mão com força e saiu.

É incrível. Coisas como essa acontecem todo dia e nós não percebemos – isto é, até agora.

Apesar do bom café e dos pãezinhos frescos, os O'Connors não estavam aproveitando o café da manhã.

– É uma Ferrari vermelha brilhante! – exclama John. – É maravilhosa! Você pode imaginar nós dois cruzando a auto-estrada até a costa?

– Na verdade, eu não posso – responde Lizzie friamente. – Só consigo pensar nas multas mensais sendo enfiadas por debaixo da porta. Eu acho que você não me ouve quando digo que temos coisas muito mais importantes em que gastar...

John sai de casa com raiva, mas naquela tarde compra uma linda echarpe de seda multicor para tentar convencer Lizzie. Ao chegar em casa, encontra a esposa na sala de estar e lhe dá a caixa embrulhada com requinte.

– E por que isso? – pergunta Lizzie em tom distante, tirando a echarpe da caixa. – Estamos comemorando alguma coisa?

– É para mostrar como eu te amo! – protesta John, sentindo-se rejeitado.

– Uma echarpe não me diz nada! – fala Lizzie em tom cortante, saindo da sala.

John afunda no sofá, passando lentamente a echarpe pela mão e apertando-a até seus dedos doerem.

O que aconteceu aqui? John é Visual. Ele percebe o mundo basicamente através do que vê: a Ferrari vermelha, seu "quadro" dos dois no carro, a echarpe multicor. Lizzie é Auditiva. Ela ouve as multas do carro sendo enfiadas por baixo da porta, acha que John nunca escuta quando ela lhe diz alguma coisa. →

Será que esse casamento pode ser salvo? Pense bem. Duas entradas para um show da banda favorita de Lizzie – uma coisa que lhe faz bem aos ouvidos – a agradariam muito mais. Veja o que John devia ter feito se tivesse sido mais sensível à forma de Lizzie ouvir o mundo:

– Desculpe, Lizzie – declara John com uma voz suave e agradável (depois de lhe dar as entradas). E continua a usar palavras de apelo "auditivo" com a esposa. – Eu tive uma idéia. Vamos trazer um pouco de harmonia para esta casa e conversar um pouco. Isso te soa bem?

Lizzie faz que sim, captando as palavras mais aceitáveis e o sentido que elas transmitem.

– Eu já te disse que a Ferrari desliza com tanta suavidade que mal dá para ouvir o ruído do motor? – pergunta John com voz carinhosa. – E espere até nós falarmos sobre os preços surpreendentes.

– Oh, finalmente estou vendo o quadro que você está pintando, John – diz a esposa. – Ficou tudo muito claro para mim agora.

9. identificando as preferências sensoriais

Reconhecer de que sentidos as pessoas dependem mais para sentir o mundo e usar essa informação nos seus intercâmbios com os outros – sejam pessoais, profissionais ou sociais – podem ter um profundo efeito na forma com que as pessoas reagem a você. Este capítulo trata de usar as dicas iniciais que os outros nos dão sem saber. Sejam Visuais, Auditivos ou Cinestésicos, seus sinais estão lá para serem interpretados e utilizados quando criamos uma ligação.

No final de um dos meus seminários, uma mulher de meia-idade que estava na segunda fila perguntou bem devagar: "Você sente dificuldade em apontar a preferência sensorial de uma pessoa?" Aquela mulher simpática usava um casaco de tricô grande e confortável e passava a mão pelo cabelo enquanto falava. Eu agradeci a pergunta e imediatamente pedi que ela não se mexesse. Como ela era obviamente uma pessoa de bom astral, ficou imóvel. "Vou lhe pedir para repetir sua pergunta exatamente da mesma forma", falei. "Mas quero que o resto da platéia observe. Tudo bem?" Ela fez que sim, e depois de um instante repetiu a pergunta, passando a mão pelo cabelo. Todos da platéia sorriram ao compreender o que tinham acabado de presenciar. Depois, a própria senhora olhou para o cabelo e deu um risinho.

A escolha das palavras “sente”, “dificuldade” e “apontar”, sua forma solta de falar, seu casaco confortável, seu corpo ligeiramente avantajado e o hábito de mexer no cabelo deram indicações sobre seu tipo de pessoa. Ela deu muitas pistas para a platéia, que logo percebeu quais deveriam ser suas preferências sensoriais.

Você não estava lá, mas de que sentido acha que ela depende mais?

Se respondeu Cinestésico, acertou.

Perfis de preferências sensoriais

Cada grupo mostra diferenças sutis em sua composição física e mental. Não são, definitivamente, distinções rápidas e fáceis. São simples indicadores. Os Visuais, Auditivos e Cinestésicos podem vir de todas as formas e tamanhos. Nós estamos lidando com crenças e valores ilimitados, opiniões e talentos, sombras e brilhos, insinuações e sonhos. Cada pessoa é diferente da outra, porém lá no fundo têm semelhanças fundamentais.

Se você encontrar alguém que dependa fortemente de um certo sentido em inúmeras das áreas discutidas neste capítulo, provavelmente verá que ela está indicando uma preferência sensorial pessoal.

Uma dica rápida:
Os Visuais falam muito depressa.
Os Cinestésicos tendem a falar mais devagar.
Os Auditivos ficam entre os dois.

À medida que você percebe as diferenças entre esses três grupos – Visual, Auditivo e Cinestésico –, o que de início lhe parece sutil passa a ser cada vez mais óbvio.

Você já deve ter passado pela experiência de comprar um carro novo. Digamos que você comprou um Audi vermelho. Muito exclusivo? Nem tanto. De repente você vai notar Audis vermelhos por todo lado. Antes só via esse carro muito raramente, depois passou a vê-lo por todo lado. É claro que os Audis sempre existiram, você é que não se interessava por eles.

Quando você se tornar mais hábil para distinguir melhor uma pessoa da outra, a mesma coisa acontecerá. As distinções se revelarão diante dos seus olhos, mas estiveram lá o tempo todo.

PRATIQUE COM OS PROGRAMAS DE TV

Os programas de entrevista são ótimos para você aprimorar seus talentos em termos de localizar preferências. Diminua o volume e tente descobrir – através do aspecto físico, gestos de mãos, movimentos dos olhos e roupas – se a pessoa é um Visual, um Auditivo ou um Cinestésico. Depois aumente o volume e ouça as palavras, o ritmo da fala e a tonalidade da voz.

Você pode fazer o mesmo com as entrevistas de rádio. Concentre-se nas palavras. Os programas de entrevista no rádio são uma mina de informações sobre preferências sensoriais. Você pode praticar enquanto está preso no trânsito.

Divirta-se.

Visuais

As pessoas do tipo Visual preocupam-se muito com a aparência. Precisam ver a prova, ou evidência, antes de levar as coisas a sério. Sendo visuais, pensam por meio de imagens e balançam as mãos, às vezes tocando nas suas imagens enquanto falam. Essas imagens se formam rapidamente na mente dos Visuais, por isso eles pensam com clareza e falam depressa. Mas, às vezes, têm voz monótona. Os Visuais freqüentemente olham para cima, para a direita e para a esquerda enquanto falam. Tendem a se vestir com roupas vistosas e impecáveis, se esforçam para fazer uma bela figura e se cercam de coisas bonitas. Por serem preocupados com a aparência, eles tendem a ser muito bem-arrumados. Quando se levantam ou se sentam, mantêm o corpo e a cabeça eretos.

Você encontrará Visuais trabalhando onde é necessário tomar decisões rápidas ou onde procedimentos específicos têm de ser seguidos. Os Visuais querem controlar a situação porque provavelmente têm algum tipo de visão de como as coisas deviam ser. Muitos artistas plásticos encontram-se nessa categoria.

Auditivos

Os Auditivos respondem de forma emocional à qualidade do som. Eles gostam da palavra falada e adoram conversar, mas precisam entrar em sintonia com as palavras para se manterem interessados. Eles têm, em geral, voz fluida, melódica, sensível, persuasiva e expressiva. Os Auditivos viram os olhos para os lados quando falam e gesticulam um pouco menos que os Visuais, mas quando gesticulam as mãos se mexem na mesma direção dos olhos. Quanto ao guarda-roupa, eles se consideram elegantes. Gostam de se vestir bem, embora nem sempre consigam. Na aparência, estão entre os Visuais arrumadinhos e os Cinestésicos confortáveis.

Os Auditivos trabalham onde as palavras e o som são os principais elementos. Por isso, muitos apresentadores de televisão e rádio, professores, advogados, conselheiros e escritores são Auditivos.

Cinestésicos

Para nossos sensíveis Cinestésicos, as coisas têm de ser sólidas, bem construídas e em ordem para que eles se interessem. Eles têm voz e gestos soltos e mais discretos. Alguns Cinestésicos são conhecidos por falar incrivelmente devagar e acrescentar todo tipo de detalhe desnecessário, fazendo com que os Visuais e os Auditivos tenham vontade de gritar: "*Por favor,* pelo amor de Deus, vá direto ao assunto!" Esse é o jeito deles. Talvez porque seja mais demorado transformar os sentimentos em palavras do que traduzir imagens ou sons em palavras. Quando os Cinestésicos falam, olham para baixo, como se olhassem para seus sentimentos. Eles gostam de sentir as coisas, gostam da textura das roupas e usam cores calmas. Qualquer homem de barba pode ser um Cinestésico. Você vai encontrá-los entre os bombeiros, eletricistas, carpinteiros, vendedores e pessoas que trabalham em arte, medicina e produtos alimentícios.

No quesito aparência, os Cinestésicos são divididos em dois tipos: o grupo dos atletas, dançarinos, comerciantes e aqueles para quem o toque e o contato físico são da maior importância, e o grupo dos sensíveis, os despreocupados, os "pés na terra", os tipos de bom coração, com uma grande proporção de corpulentos entre eles.

Concordâncias e discordâncias

Você provavelmente já deve ter percebido que as chances de ter um relacionamento amoroso com alguém parecido com você são muitas. Mas será que é mesmo uma boa idéia? Sim e não. Se quiser passar o resto da vida com alguém muito semelhante, então a resposta é sim. Se desejar uma fagulha de animação, a resposta é não.

Freqüentemente me perguntam se a velha máxima de que os opostos se atraem é válida. A resposta é sim, definitivamente. Mas como? E o que eles atraem?

Para começar, é preciso esclarecer que este livro mostra o caminho das pedras de como se estabelece um relacionamento, além de fazer com que as pessoas gostem de você. Se vai levar à amizade e ao romance, isso é com você. Eu gosto, confio e me preocupo com muita gente, mas nem todos são meus amigos e definitivamente não são meus parceiros. Apaixonar-se é uma coisa muito complexa. A literatura clássica se refere a três tipos diferentes de amor ou afeição, que podem ser traduzidos da seguinte forma: o amor geral, fraternal e sexual. Quando os três estão presentes, o relacionamento é realmente pleno.

Na minha opinião – e isso não tem outra base científica a não ser o fato de que convivo com mais de 35 casais que estão juntos há mais de 20 anos *e ainda são vibrantes* –, os relacionamentos duradouros têm um padrão interessante de preferência sensorial. Eles são *opostos completos.*

Você deve se lembrar do teste do Capítulo 8, que lhe permitiu perceber suas preferências. Vamos usar como exemplo o resultado de meu teste. Eu obtive maior pontuação primeiro em A, depois em V e, finalmente, em C, ou seja, AVC. Os opostos completos da minha classificação seriam CVA. Coloque-os lado a lado que eles ficarão assim:

A C
V V
C A

Isso nos daria opostos no alto, A e C, mas o mesmo no meio – neste caso o V. A relação é mantida pelo elo visual comum, um subconsciente mútuo que se modula na mesma freqüência. E a relação se mantém vital pela oposição de A e C como preferências sensoriais básicas.

Minha percepção é a de que, quando duas pessoas "se encontram no meio" e têm uma preferência sensorial em comum, seja ela Visual, Auditiva ou Cinestésica, é esse elo que as ajuda nos momentos adversos e abrilhanta os bons momentos. Quaisquer preferências sensoriais compartilhadas, sejam primárias, secundárias ou terciárias, funcionarão em favor da relação quando as coisas ficarem difíceis.

Dicas verbais

Não há regras fixas para isso, a não ser o fato de que as pessoas que você conhece se mostrarão inclinadas a revelar, através dos tipos de palavras que preferem usar, como transformaram suas experiências em conversa. Preste atenção nessas palavras e leve-as em conta quando quiser estabelecer um relacionamento.

Palavras Visuais

A tendência por escolher palavras que criem uma imagem e metáforas, como, por exemplo, "Se olharmos com mais clareza", "Eles eram diferentes como o dia e a noite", pode ser um forte indicador de que a pessoa se apóia basicamente no sentido visual.

Experimente se concentrar, durante um dia inteiro, nas palavras e frases Visuais que ouve. Preste atenção até que elas pareçam tão claras quanto as palavras extremamente visuais que acabei de usar nesta frase. A lista de palavras abaixo lhe dará perspectiva e foco à medida que você observar as pessoas que examinam o mundo com os olhos. Depois, demonstre que sabe usar essas palavras. Faça um esforço durante suas conversas para "colorir suas falas", pintando quadros verbais. Descreva suas experiências vivamente para que os outros possam "vê-las".

analisar	ângulo	aparecer
aproximar a imagem	aspecto	assistir
brilhante	cego	cintilante
claridade	claro	colorido
considerar	descuido	diagrama
esboçar	esclarecer	esconder
escuro	espiar	examinar
foco	fulgor	iluminar
ilusão	imagem	imaginar
inspecionar	investigar	levantamento
luz	mostrar	notar
obscuro	observar	olhada
olhar fixo	olhar penetrante	olho da mente
opaco	panorama	parece ótimo
percepção	percepção tardia	perspectiva
presenciar	prever	quadro mental
refletir	retratar	revelar
simplesmente	vago	ver
visão	visão turva	visível
vislumbre	vista	vivo

LINGUAGEM VISUAL

Como você se vê?

Está um pouco confuso agora.

Estou vendo o que você quer dizer.

Ele tem uma personalidade efusiva.

Uma visão para olhos cansados.

Vamos entender melhor isso.

Nós somos uma empresa com visão.

Nós vemos o assunto de perto.

Está um pouco vago.

Sem sombra de dúvida.

Vejo você mais tarde.

Dá para imaginar?

Vou investigar isso.

Você pode me esclarecer isso?

Nós temos um futuro brilhante.

Palavras Auditivas

Sintonize nas palavras e frases de cunho Auditivo que as pessoas falam umas para as outras. Preste atenção até perceber exatamente como elas soam. Abra os sentidos para aqueles que vêem e sentem o mundo através da audição. Você vai entender a mensagem em alto e bom som.

alcance de voz	alto	anunciar
arrepio	articular	balbuciar
barulhento	bem-informado	berrar
berrar	calma	chamar
clicar	colidir	contar
conversa-fiada	conversar	conversar
debater	declarar	desconhecido
descrever em detalhe	desenvolver	discutir
divulgar	dizer	fora de sintonia
expressar-se	fofoca	franco
frase	gritar	harmônico
harmonizar	inquirir	língua presa
mencionar	mensagem oculta	modo de falar
murmurar	observação	ouvir
palavra por palavra	proclamar	pronunciar
pronunciar	questão	quieto
relatar	repicar de sinos	repreensão
ressoar	rugido	rumor
sem palavras	silêncio	surdo
tinindo	tom	vocal

LINGUAGEM AUDITIVA

Soa familiar. Conte mais para mim. O que ele diz lhe lembra alguma coisa? Ele fez uma descrição satisfatória de si próprio. Finalmente, temos harmonia em casa. Eles me ouviram com atenção. Ela me deixou completamente mudo. Essas cores são realmente fortes.	Não gostei do tom de voz dele. Deixe-me lhe contar uma coisa. Diga-me como. De certa forma de falar... Eu quero que todos aqui tenham voz ativa. Ele recebeu aplausos ensurdecedores. Isso é claro como água. Morda a língua!

Palavras Cinestésicas

As palavras listadas abaixo são a moeda corrente na linguagem Cinestésica. Examine as emoções à sua volta até perceber como elas fluem. Supere toda e qualquer pedra em seu caminho. Construa uma fundação firme sobre a qual possa basear seu próprio relacionamento com as outras pessoas. Use as palavras concretas e vibrantes que emocionam os Cinestésicos.

afiado	agarrar	alcançar
amarrado	apoiar	apressar-se
aquecido	cabeça fresca	cavar
chocante	clandestino	concreto
conectar	confuso	congelar
de mãos dadas	desembaraçar	difícil
emocional	empurrar	enlameado
esforço	espremer	estabelecer

esticar	estresse	estruturado
examinar	explorar	fazer contato
firme	frio	fundação
insensível	insuportável	intuição
jogar fora	lidar	lutar com
magoar	manter	mexer
movimento	mudança	palpite
pé-no-saco	pressão	quebrar
quente	raso	seguir (o fluxo)
selecionar	sensível	sentir
sólido	suavemente	suportável
tensão	tocar	transtornar

LINGUAGEM CINESTÉSICA

Como você se sente a respeito?
Havia algumas pedras no meu caminho.
Vou entrar em contato com ela.
Escorreu pelos meus dedos.
Eu estou bem balançado.
Não estou te entendendo.
Vamos estabelecer as regras.
Eu fiquei calma, fria e controlada.
Vamos examinar as possibilidades.
Supere isso.
Não estou conseguindo lidar com tanta pressão.
Ele é uma dor de cabeça.
Mantenha-se em contato.
Fique por aí.
Comece do zero.
Vamos repetir o ritual mais uma vez.
Dá para mexer uns pauzinhos?
Ela encarou o problema.

Dicas visuais

Ao longo dos anos eu tirei tantas fotos para revistas de moda, com tantas modelos, em tantos países, que já perdi a conta, sendo que com muita freqüência a língua materna das modelos não era o inglês. Quando você se limita a trabalhar com rosto, pescoço e ombros (e, naturalmente, com cabelo, maquiagem e roupas de estilistas talentosos), percebe logo que, além dos movimentos e inclinações sutis, a maioria das "insinuações" sugeridas pelas caras e bocas origina-se da expressão dos olhos e da boca. Quando você quer que uma modelo sorria, não adianta dizer para ela sorrir. É preciso fazer com que ela sorria.

Para iniciar os movimentos dos olhos há algumas palavras em código que funcionam em qualquer língua. Quando você quer que a modelo olhe para cima e para o lado, basta dizer "Sonhe" que seus olhos viram de um lado para o outro. Palavras como "segredo" ou "telefone" fazem os olhos se voltarem para as orelhas; já com as palavras "triste" e "romântico", os olhos normalmente vão para cima e para baixo, para a esquerda e a direita.

Mais uma vez, os fundadores da neurolingüística observaram esse fenômeno e o classificaram em um intrigante paradigma. Baseados nesses achados, nós podemos considerar a pupila humana uma tomada com seis entradas que precisa ser ligada em uma das seis posições enquanto busca informações – cada posição ativando um sentido, às vezes para lembrar, às vezes para dar uma resposta.

Se você perguntar a um homem qual é a cor da sua camisa preferida, talvez ele olhe para cima e para a esquerda imaginando a camisa antes de dar a resposta. Peça que uma mulher lhe diga qual é a textura da seda, e ela provavelmente olhará para baixo e para a direita lembrando-se da sensação da seda.

Em outras palavras, quando as pessoas são interrogadas, em geral desviam o olhar para poderem pensar em uma resposta. A razão disso é muito simples: elas estão acessando seus sentidos.

Tire o volume da sua televisão durante uma entrevista e note que os olhos do entrevistado não páram à medida que ele tenta responder às perguntas do entrevistador.

Antes de continuar a ler este livro, faça uma pergunta a alguém. Sem demonstrar sua intenção, olhe dentro dos olhos da pessoa e faça uma pergunta solta, como: "De que você mais gostou nas suas últimas férias (ou aniversário, ou emprego)?" Observe os olhos da pessoa se mexendo em busca de informações. Isso lhe dará uma boa idéia de como ela armazena e acessa informações, isto é, se é por meio de imagens, sons ou sentimentos. Referências compatíveis a um dos sentidos indicam uma preferência sensorial.

Pessoas que respondem olhando para cima e para a esquerda ou a direita provavelmente estão visualizando sua resposta. Se olharem para a esquerda ou a direita, na direção das orelhas, estão provavelmente apelando para informações sonoras. Se olharem para baixo e para a esquerda, talvez estejam acessando seus sentimentos. Para baixo e para a direita indica algum tipo de diálogo interno.

UM EXERCÍCIO PARA RECONHECER AS PREFERÊNCIAS:

Cérebro bloqueado

Peça para um amigo responder às seguintes perguntas sem mexer os olhos. Peça para ele olhar sempre para você, mantendo as pupilas absolutamente imóveis.

"Você gosta da casa (ou apartamento) onde mora?"

Dependendo da resposta, faça a pergunta seguinte:

"Faça uma lista rápida de seis coisas de que você gosta (ou não gosta) na casa onde mora."

Ou a língua do seu amigo ficará completamente presa, ou ele se verá lutando para responder. Pensar na casa com seus aspectos, sons e sensações sem mexer os olhos é quase impossível. Ele ficará paralisado.

Os hipnotizadores sabem que, se fizerem com que suas pupilas fiquem imóveis, você não conseguirá pensar. O estado meditativo é facilmente acessado dessa forma: olhar fixo para um determinado ponto com os olhos abertos, ou focar sua atenção em um ponto – sua testa, por exemplo – com os olhos fechados. Enquanto você mantiver sua atenção fixa, o diálogo interno fica interrompido, assim como a sensação de tempo.

Outro detalhe valioso a ser notado aqui é que, quando olhamos para a esquerda, estamos nos *lembrando* das informações, e, quando olhamos para o lado oposto, estamos *construindo* essas informações.

Não se esqueça de que quando você conversa com alguém podem estar ocorrendo várias atividades mentais ao mesmo tempo. Por exemplo, um sujeito pergunta para uma moça:

– Você viu o último filme do Bruce Willis?

– Vi, sim – diz ela, tentando se lembrar e já se imaginando na fila de entrada.

Ao mesmo tempo, ela está tendo um diálogo interno: "Que cara metido. Será que eu estou fazendo um julgamento muito apressado? Não, ele é um chato mesmo. Como vou me livrar dessa figura?" Então o sujeito diz:

– Quer sair comigo no sábado?

Procurando uma desculpa, ela finalmente diz:

– Ah, eu não posso, tenho de... terminar um relatório até segunda-feira de manhã.

Suas pupilas viram para o outro lado enquanto ela constrói uma imagem de si mesma na mesa da cozinha trabalhando no seu laptop.

Está se sentindo um pouco confuso? Veja este diagrama abaixo.

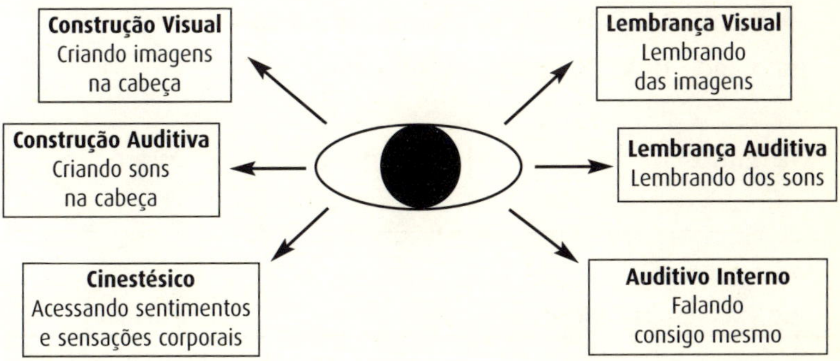

Para evitar confusão, imagine que este diagrama está colado na testa da pessoa à sua frente. Não importa se o lado esquerdo dela é o seu direito. Simplesmente olhe para o diagrama como se você estivesse olhando diretamente para alguém. (Em geral, essas indicações aplicam-se a pessoas destras, que constituem 90% da população.)

Aliás, esses movimentos não são os mesmos que suas pupilas fazem quando você olha em volta de uma sala ou para uma paisagem. São totalmente independentes das exigências da visão.

Suas pupilas servem a dois propósitos: 1) se mover para ver o que está acontecendo e 2) ativar os canais sensoriais da memória.

Quando você começa a procurar esse tipo de dicas visuais, os olhos das pessoas parecem girar a esmo. É preciso um pouco de prática para ler esses movimentos.

Divirta-se, deixe a coisa acontecer naturalmente e, acima de tudo, nunca diga a ninguém o que está fazendo. Isso deixaria as pessoas encabuladas, com toda a razão. Guarde essas práticas para si mesmo.

UM EXERCÍCIO SOBRE DICAS VISUAIS:

Os olhos "falam"

Usando o diagrama anterior como guia, desenhe a posição da pupila que você esperaria ver em resposta a cada uma das perguntas abaixo.

Pergunta	Movimento dos Olhos	Sistema
De que cor são as meias que você está usando?		Lembrança Visual
Como você ficaria de jaqueta verde?		Construção Visual
Você se lembra de *Purple Haze* tocado por por Jimi Hendrix?		Lembrança Auditiva
Como seria se fosse tocado em gaita de foles?		Construção Auditiva
Qual é a sensação da areia? O que você está dizendo para si mesmo agora?		Cinestésico Auditivo Interno (falando consigo)

Ingrid está fazendo 40 anos e decidiu tirar férias em Portugal. Está andando pelo shopping do seu bairro quando descobre uma agência de viagens que não tinha notado antes. Lá, conhece Sheldon, o diretor da agência, e lhe conta seus planos.

– Eu senti que preciso me afastar um pouco e cuidar de mim! – diz Ingrid a Sheldon, sentando-se na cadeira em frente à mesa dele. Ajeita o vestido nos joelhos e olha para baixo, à direita. – Eu ando tão pressionada no trabalho que realmente preciso me soltar um pouco. – Suspirando, cruza uma perna sobre a outra, se inclina para a frente e sacode ligeiramente a cabeça. – A tensão do escritório está me matando.

Sheldon fica deliciado. Está sentada à sua frente uma venda óbvia. Recosta-se na cadeira, abre bem os braços, bate palmas e sorri para Ingrid.

– Puxa, eu tenho umas férias maravilhosas para você – diz ele pegando uns folhetos de uma pilha em cima da mesa.

– É uma festa para os olhos, veja só!

Passa o folheto colorido para Ingrid, com as típicas palmeiras e um belo céu azul, e continua a falar sem esperar a reação dela.

– Fantástico, não é? Veja bem a cor da água, esse azul-turquesa brilhante! Olhe essas lindas vilas com telhados de tijolo vermelho! Você não está se vendo ali naquela praia de areia branca? – Sheldon olha para cima e para a direita, imaginando a vista.

Ingrid recosta-se na cadeira, com o coração afundado. De alguma forma, apesar das figuras maravilhosas dos ➔

folhetos, apesar das descrições apaixonadas de Sheldon, Portugal parece mais longe que nunca.

Qual é o problema?

Você adivinhou. Ingrid compreende o mundo através dos seus sentimentos. Lembre das próprias palavras dela: ela "sente" que quer cuidar de si, está louca para se "soltar" da "pressão" e da "tensão" do escritório. Sua linguagem, entonação e gestos são indicativos. Ela olha para baixo na direção de seus sentimentos. O que conta mais para Ingrid é a forma como ela sente as coisas.

Se Sheldon tivesse prestado atenção nas dicas, teria passado para Ingrid uma sensação de confiança, curiosidade e aconchego. – OK, Ingrid – ele teria dito. – Entendi. Sei o que você quer dizer quando fala de pressão e tenho um lugar ideal para você. Na verdade, eu já estive lá. A areia é quente e macia, e a sensação das ondas suaves quebrando em cima de você é maravilhosa! As camas dessas vilas são muito confortáveis e frescas... – Ele teria acionado o mesmo canal em que Ingrid viveu sintonizada nas quatro últimas décadas.

Sheldon deveria ter dado os quatro passos de ligação proposital para se "conectar" com sua cliente: 1) adotar uma Atitude Realmente Útil para levar Ingrid até a meta dele; 2) sincronizar-se com a linguagem corporal e o tom de voz dela durante a conversa; 3) fazer perguntas abertas e ouvir com atenção suas respostas; e 4) perceber suas preferências sensoriais.

O cenário completo

As implicações das dicas verbais e visuais discutidas neste capítulo são de importância vital para qualquer um que quiser se conectar com outros seres humanos e criar uma ligação proposital. Quando você aprende a reconhecer a que "tipo" ou "grupo" pertence uma pessoa que acabou de conhecer, está apto a se comunicar com ela na mesma freqüência, seja ela Visual, Auditiva ou Cinestésica.

Desenvolver um jeito de detectar preferências sensoriais significa prestar atenção nos outros – e isso por si só o torna uma pessoa mais calorosa.

Nas próximas páginas há quatro exercícios para você consolidar seus conhecimentos. Os Auditivos terão vontade de dar respostas em voz alta, e os Visuais vão querer imaginar as respostas na cabeça, mas tudo terá de ser escrito. Escrever as respostas o obrigará a usar os três sentidos – e essa é a forma mais rápida de incorporar essas informações à sua memória e às suas práticas de vida. Preencha o que puder sem consultar as páginas deste capítulo ou do capítulo anterior.

As "dicas" para detectar preferências sensoriais são, é claro, generalizações, mas, quando várias dessas generalizações apontam na mesma direção, há enormes chances de você ter descoberto a forma básica de uma pessoa perceber o mundo. Essa é, com certeza, uma ferramenta muito eficiente para estabelecer um relacionamento e manter a conexão com os outros.

QUAL É A DIFERENÇA ENTRE ELES EM TERMOS FÍSICOS?

Visual	Auditivo	Cinestésico

QUAL É A DIFERENÇA ENTRE ELES EM TERMOS SONOROS?

Visual	Auditivo	Cinestésico

QUAL É A DIFERENÇA ENTRE ELES EM TERMOS DE VESTUÁRIO?

Visual	Auditivo	Cinestésico

QUE PRESENTES VOCÊ DARIA PARA ELES?

Visual	Auditivo	Cinestésico

10. juntando as peças

As pessoas são atraídas umas pelas outras e estão a fim de se conectar – de serem apreciadas.

Os comunicadores de sucesso não saem pelo mundo diariamente munidos de técnicas e práticas; eles fazem as coisas com naturalidade. É dessa forma que as pessoas, coisas e acontecimentos fluem com facilidade. Essa é a diferença entre aqueles que lutam e não chegam a lugar algum e aqueles que parecem fazer pouco mas têm tudo.

Quanto mais você usar o que aprendeu aqui, mais fácil e natural será seu relacionamento com os outros. É claro que você terá de praticar, mas logo isso vai ser tão natural como andar de bicicleta ou nadar – duas habilidades que só são conquistadas no dia em que você deixa de se preocupar e tem fé.

Este livro é sobre conectar-se com sua maior fonte: os outros. É sobre estabelecer um relacionamento, uma ligação instantânea com as outras pessoas. Você já percebeu que o relacionamento é o elo entre o encontro e a comunicação, e como a qualidade e a profundidade da conexão estabelecida podem afetar seu resultado. Relacionamentos podem surgir natural ou intencionalmente.

Nós já vimos a importância da comunicação para que se atinja o resultado desejado – na verdade, isso vale para todas as áreas da sua vida em que você quiser ter um resultado positivo.

A forma habitual de cumprimentar uma pessoa nova é: Abertura – Olhar – Sorriso – "Oi!" – Inclinação. Você lança primeiro uma boa dose de linguagem corporal aberta, contato ocular, sorriso e diz "Oi". A inclinação o deixa pronto para a sincronização. Lembre que, quando você aponta o coração para outra pessoa, está demonstrando sua disposição em relação a ela.

Você pode escolher sua atitude. A Atitude Realmente Útil mostra como os outros o percebem e como você se sente a respeito de si mesmo. Você sabe que sua atitude o mantém coerente, ou confiável, de acordo com os três "Vs" da comunicação. Em outras palavras, quando você tem raiva, fica com ar de raiva, voz de raiva e usa palavras raivosas. Se optar por uma atitude acolhedora, vai perceber como é fácil ser "gostado", pois você vai ter um ar acolhedor, uma voz acolhedora e palavras acolhedoras.

Nós abordamos a linguagem corporal, aberta e fechada, e vimos que, juntamente com as expressões faciais e os gestos, esse tipo de linguagem representa 55% da nossa comunicação. Por isso, é tão importante na sincronização de ligações intencionais.

Quando dizemos para alguém "Eu gosto de você", o que isso realmente significa é "Eu sou como você". Na ligação intencional, nós não esperamos para ver se temos coisas em comum. Entramos diretamente em sincronia com a linguagem corporal, o tom de voz e as palavras da pessoa que estamos conhecendo. Sabemos que ao longo da vida nos sincronizamos inconscientemente com o feedback emocional daqueles que nos influenciaram – pais, companheiros, professores e assim por diante. Portanto, é fácil e natural nos sincronizarmos com outras pessoas para deixá-las à vontade na relação interpessoal.

Quanto a conversar com alguém que acabamos de conhecer, vimos que essas conversas são geradas por perguntas de duas categorias: abertas e fechadas. As perguntas abertas deixam as pessoas à vontade, e é essa a meta da nossa conversa.

Você sabe que dar feedback tanto no aspecto físico quanto no verbal mantém a relação viva. Conversar tem a ver com descrever suas experiências para os outros, e quanto mais vivos forem esses relatos, "quanto mais coloridos", melhor eles nos imaginam e compartilham nossas experiências e, conseqüentemente, aumentam o elo e a ligação intencional que estamos estabelecendo.

Você aprendeu, para sua surpresa e encanto, que cada pessoa que encontra ou que já conhece representa um quebra-cabeça sensorial. Elas preferem conectar-se de forma Visual, Auditiva ou Cinestésica? Parabéns. Você começou a desenvolver a compreensão das percepções do mundo que as cercam.

Na verdade, mesmo que você tenha começado a colocar em práticas as técnicas deste livro de uma forma errada, ainda assim terá entendido certo! Você está sendo pró-ativo com os outros, em oposição à atitude reativa ou passiva. Não há nenhuma contra-indicação – simplesmente vai dar certo. Se observar com atenção a linguagem corporal e as expressões dos outros, ouvir suas palavras, notar os movimentos dos seus olhos, lhes der um feedback e começar a conversar, estará sendo pró-ativo, e eles não poderão fazer nada, a não ser gostar de você. Desde que você tenha uma Atitude Realmente Útil, é claro.

Onde eu começo?

Vale notar que não estamos falando de uma nova forma de ser, nem de uma nova forma de vida. Eu não lhe dei uma varinha de condão para você sair na rua tocando as pessoas para que elas gostem de você. Estou oferecendo ferramentas e técnicas que o ajudarão a estabelecer relacionamentos rapidamente.

Nós cobrimos as quatro áreas básicas para fazer com que as pessoas gostem de você à primeira vista, ou seja, em menos de

90 segundos: atitude, sincronização, conversa e preferências sensoriais. O aprimoramento de qualquer uma dessas áreas aumentará sua capacidade de se comunicar de forma efetiva e rápida com o outro. À medida que você for aprendendo a incorporar esses quatro estágios no seu corpo-a-corpo com as outras pessoas, os efeitos se tornarão cada vez mais visíveis.

A essa altura você sabe por que consegue se relacionar facilmente com algumas pessoas e com outras não, e desde o início deste livro, provavelmente, já começou a melhorar seus relacionamentos em casa e no trabalho. Está se aproximando das pessoas com mais confiança e sinceridade, e gostando dessa experiência. E percebeu que possui a maioria das habilidades necessárias para tornar naturais as conexões com os outros.

Quanto mais você usar as várias ferramentas que apresentamos ao longo deste livro – desde a imagem que projeta com uma Atitude Realmente Útil até a sinceridade e o carisma que demonstra nos seus cumprimentos, do conforto e empatia gerados pela sincronização até a capacidade de reconhecer em qual sentido a pessoa mais se apóia –, mais capaz você estará de estabelecer um relacionamento com facilidade.

Se tivesse de dar prioridade a algum desses aspectos, eu diria que a Atitude Realmente Útil é imbatível em seu poder de suscitar bons sentimentos em você próprio e nos outros. A atitude positiva é contagiante e óbvia, e o precede. Sua atitude mostra de forma coerente sua linguagem corporal, seu tom de voz e as palavras que você usa. Você notará uma melhora imediata na sua habilidade de estabelecer um relacionamento no momento em que começar a administrar sua atitude. Por outro lado, se sua atitude não for bem administrada, trará um efeito contrário – com a mesma velocidade. A atitude pode atrair ou repelir.

Em seguida, sem dúvida, vem o espantoso poder da sincronização. Como você viu, a sincronização é o que já fazemos inconscientemente com quem gostamos. Quando você conhecer uma pessoa e quiser iniciar um relacionamento rapidamente, entre em sincronia imediatamente. Vai parecer estranho de início, mas dois ou três dias são o suficiente para você se tornar um expert nesse departamento. Afinal de contas, de uma forma ou de outra você fez isso a vida toda com as pessoas próximas.

À medida que sua habilidade de manter uma conversação for melhorando e você for conseguindo encorajar os outros a falar, terá tempo para fazer observações a respeito de preferências sensoriais. Isso deve ser feito com cuidado. Descobrir preferências sensoriais é uma questão de ajustar o foco. Você olha e procura, fica frustrado, e de repente consegue ajustar o foco e as pessoas começam a parecer diferentes. Ou seja: assim que você estabelece um relacionamento elegante e profundo, no nível do inconsciente, atinge a verdadeira unidade. O desdobramento e a constatação das preferências sensoriais continuarão depois de 90 segundos e lhe indicarão o caminho para você ir mais fundo em um relacionamento intencional com a nova pessoa.

Digamos que você está em uma conferência e acabou de conhecer Sylvie Clairoux, chefe do departamento onde você gostaria de trabalhar. A conexão é suave, calorosa, sincera e respeitosa, sua Atitude Realmente Útil e sua abertura criam uma "saudação" perfeita. Embora haja sete pessoas na reunião, você sincroniza seus movimentos corporais, mas sem exagerar o contato ocular. O subconsciente dela percebe isso. Há uma possibilidade de contato ocular, ela sorri gentilmente, você reconhece – e GOL! Você vem praticando isso todo dia e percebeu com facilidade, pela sua roupa, sua voz, sua escolha de palavras, seus movimentos de olhos e sua tonalidade, que ela é provavelmente Auditiva. Quando você fala, sincroniza-se com o tom de voz dela e usa palavras Auditivas ("Isso está soando bem!", "Todos da equipe foram ouvidos"). Como essa estranha pode deixar de gostar de alguém que olha, fala e se movimenta de forma tão semelhante à dela? No intervalo você a chama de lado.

– Eu gostaria de saber mais sobre sua proposta – você começa.

– Nós já nos vimos antes? – pergunta Sylvie Clairoux.

"Acho que ela gostou de você", sussurra uma vozinha dentro da sua cabeça.

Estabelecendo um relacionamento

Quando eu escrevo um livro, suponho que gosto de você, o leitor. Suponho que você precisa de mim. E, mais ainda, suponho que você tem razão. É isso que me dá confiança para continuar a escrever. Nós precisamos uns dos outros. Essa é a base real da nossa ligação. E cá estamos nós entrando em conexão.

Nós podemos aproveitar o poder da imaginação para fazer suposições úteis. Recebemos tantas informações de nossos cinco sentidos que não conseguimos processar tudo isso de forma consciente. Então, separamos as informações em três grupos diferentes. A principal você *apaga* do seu consciente. Por exemplo, você não tinha consciência do seu pé esquerdo até o momento em que eu chamei sua atenção para ele, e você provavelmente não sente suas unhas crescerem. As informações do segundo grupo você *distorce*, insere-as na sua imaginação e brinca com elas: imagina suas próximas férias, fica paranóico com a bateria do seu carro, esse tipo de coisa. Já as informações do terceiro grupo são armazenadas sob o título de *generalizações*, ou suposições. Se você já viu uma frigideira, pode supor que essa coisa de metal e de cabo comprido no fogão do vizinho, com lindas panquecas, seja uma frigideira.

Não é preciso pensar muito para saber o que é. Seu cérebro fará uma suposição generalizada. Em termos positivos, as suposições são ótimas para se aprender as coisas; em termos negativos, podem levar a fantasias perigosas, limitadas e injustas. Se sua imaginação estiver distorcendo informações e afastando-o das pessoas, eu peço que você compreenda que ela o está levando a fazer suposições negativas sobre os outros com base em experiências passadas. Nesse caso, sua imaginação está controlando o jogo, e o placar até agora é imaginação um, você zero.

Controle sua imaginação. Veja-a como veículo de divertimento e use-a para criar Suposições Realmente Úteis. Seguem aqui algumas para sua orientação. Depois de ler essas suposições, feche os olhos e veja como elas parecem, como soam e que sensação dão:

- Suponha ligação e confiança entre si próprio e os outros.
- Suponha que você gostará dos outros e que eles gostarão de você.
- Suponha que o que você está fazendo com os outros – conectando-se, sincronizando-se, etc. – funcionará.
- Suponha que os outros lhe darão o benefício da dúvida e que você fará o mesmo com eles.
- Suponha que o que você aprendeu com este livro dará certo para você porque deu certo para milhares de outras pessoas.
- Suponha que você está criando uma diferença na vida dos indivíduos que acaba de conhecer.
- Suponha que essa diferença é para melhor, não só na vida deles como na sua comunidade como um todo.
- Suponha que uma comunidade conectada é um lugar onde nos encorajamos, animamos e promovemos uns aos outros.

As pessoas que se conectam vivem mais tempo, recebem cooperação, sentem-se seguras e fortes. As pessoas que se conectam evoluem. Juntos, nós nos levantamos e caímos, afundamos ou nadamos, rimos e choramos. E, quando tudo é dito e feito, são as pessoas que tornarão os momentos difíceis suportáveis e os bons momentos muito, muito melhores.

Uma parábola dos tempos modernos

Ultimamente tenho feito muitas palestras para alunos de segundo grau e universitários. Muitos deles estão procurando estágios ou empregos de meio expediente, e precisam aprimorar suas habilidades para consegui-los. Nunca me esquecerei de um aluno em particular que interrompeu minha palestra de forma grosseira.

– Ei, cara, eu tive muitas entrevistas de emprego e eles nunca me contrataram – falou o rapaz. – Tentei uma loja de roupas, uma loja de CDs, um escritório...

Os outros alunos em volta dele começaram a rir. A razão era muito clara. O rapaz estava vestido com calças rasgadas do exército e camiseta de uma banda punk. Sua orelha esquerda era furada em três pontos e ele tinha um brinco no nariz. Mais escandaloso ainda era o seu cabelo verde brilhante, com um corte moicano, que deixava sua cabeça raspada vários centímetros mais alta.

– O que você quer? – eu perguntei.

– Um emprego, o que você acha?

– Você já pensou em mudar o que está fazendo para conseguir um emprego?

Ele olhou para mim, com os braços ligeiramente cruzados no peito. – Mudar o quê?

– Que tal sua aparência? – perguntei, inclinando-me para a frente.

– Nem pensar, cara! – ele disse, quase aos gritos. – Se eles não gostam de mim como eu sou, isso é discriminação!

– Eu entendo seu ponto de vista – eu disse. *(Ele era um Visual.)* – Mas nós dois sabemos como o mundo funciona. Afinal, o que a gente quer? O emprego ou o corte de cabelo?

Fez-se um longo silêncio. Enfim, o rapaz descruzou os braços e virou os olhos para cima. – O emprego, eu acho – disse baixinho. Alguns alunos deram risadas bem-humoradas. Aos poucos, ele começou a rir também. Depois nós todos rimos. É desse tipo de coisa que tratamos aqui.

CONHEÇA OUTROS IMPORTANTES TÍTULOS DA EDITORA SEXTANTE

Hugh Prather
NÃO LEVE A VIDA TÃO A SÉRIO

A vida não precisa ser tão complicada quanto insistimos em torná-la. A simples decisão de não se agarrar aos problemas pode melhorar – e muito – nossas vidas. É isso o que Hugh Prather nos mostra, com humor e clareza. Ele escreve sobre as dificuldades do dia-a-dia e nos dá ferramentas para contorná-las, mudando o que há de mais importante na vida: nossa atitude mental e a forma de reagir aos inevitáveis contratempos.

Rita Emmett
NÃO DEIXE PARA DEPOIS O QUE VOCÊ PODE FAZER AGORA

É fácil cair na tentação de deixar para amanhã o que deveria ser feito hoje. Quase todo mundo empurra de vez em quando alguma tarefa com a barriga, seja por preguiça, medo, falta de organização ou excesso de compromissos. Rita Emmett ensina como você pode parar de adiar as coisas, tornar-se mais produtivo e desenvolver prioridades que reflitam suas metas e valores pessoais.

Emett C. Murphy
A NOVA LEI DE MURPHY

A nova lei de Murphy é uma estimulante visão da vida e da capacidade que nós temos de assumir o controle de nosso destino e de perseguir nossos sonhos.

Contando interessantes histórias de pessoas que conseguiram superar os desafios e obstáculos em busca de seus objetivos, o autor nos mostra os princípios que devemos cultivar para atingir nossos sonhos, como coragem, flexibilidade, humildade, integridade, generosidade e perseverança.

Hal Urban
AS GRANDES LIÇÕES DA VIDA

O que é essencial? Hal Urban responde a esta pergunta reunindo as 20 lições de vida que precisamos aprender para alcançar o sucesso e a felicidade. Sem propor fórmulas mágicas ou métodos fantásticos, ele nos fala de valores eternos, como respeito, bondade, honestidade, compromisso e trabalho duro, e nos ensina a dar valor ao que realmente é importante em nossa vida.

Francisco Daudt da Veiga
O AMOR COMPANHEIRO

"Esse livro fala sobre a amizade, esse verdadeiro porto seguro da nossa emoção: a única coisa que é capaz de manter um casamento feliz por décadas, a única coisa capaz de complementar ou mesmo substituir a família no sentimento de que existe alguma retaguarda para nós, alguém por você, a família dos que não têm família.

O amor companheiro é o acolhimento da nossa maior autenticidade, o descanso dos papéis sociais representados, a tolerância sem superioridade com nossas mesquinharias e nossos momentos de alma pequena, quando nada vale a pena. É o único lugar onde se pode falar abobrinhas alternadas com as mais sérias confidências, aquilo que se fala para quem se confia, em quem se tem fé, em quem se acredita."

Francisco Daudt da Veiga

Stephen Covey
PRINCÍPIOS ESSENCIAIS DAS PESSOAS ALTAMENTE EFICAZES

Com mais de 15 milhões de exemplares vendidos em todo o mundo, *Os 7 hábitos das pessoas altamente eficazes* se tornou um dos livros mais influentes dos últimos tempos.

Para iluminar os princípios dos *7 hábitos*, Stephen Covey reuniu a sabedoria de grandes pensadores, idéias inspiradoras que podem nos ajudar a realizar nosso potencial, influenciando positivamente o resultado de cada dia.

David Niven

OS 100 SEGREDOS DOS BONS RELACIONAMENTOS

Por que tantos casais apaixonados acabam se separando depois que vão morar sob o mesmo teto? Quais são os segredos para se manter um relacionamento rico e amoroso em meio às demandas do trabalho, dos filhos e dos nossos próprios sonhos e planos?

Depois de analisar estudos e pesquisas científicos sobre os hábitos de namoro e casamento de milhares de pessoas, o psicólogo e cientista social David Niven reuniu dicas, conselhos e histórias para orientar todos aqueles que desejam ter uma relação sólida e feliz.

OS 100 SEGREDOS DAS PESSOAS FELIZES

Baseado em pesquisas e estudos de cientistas junto a milhares de pessoas, David Niven descobriu os 100 segredos mais simples que são realmente capazes de tornar as pessoas felizes.

E como a leitura de um complicado tratado científico pode ser causa de infelicidade, esses segredos são apresentados de forma interessante e com exemplos que vão nos fazer identificar as situações descritas e compreendê-las.

Jonathon Lazear
O HOMEM QUE CONFUNDIU SEU TRABALHO COM A VIDA

Se o trabalho assumiu um papel tão preponderante na sua vida que tudo mais ficou em segundo plano e você anda se perguntando se isso vale realmente a pena, você irá encontrar na experiência de Lazear a indicação de novos caminhos rumo à felicidade e realização.

Curto e objetivo (porque o autor sabe que você é uma pessoa ocupada), sensato e muito prático, esse livro fará você se lembrar do que realmente é importante, ajudando-o a abrir mão do que não é necessário e a recuperar aquilo que é essencial.

James C. Hunter
O MONGE E O EXECUTIVO

"Um livro fascinante que você não vai conseguir largar.
O monge e o executivo contém tesouros que irão
transformar a sua vida."
Joe Weller, presidente executivo da Nestlé americana

John Daily é um executivo bem-sucedido que, de repente, percebe que vem fracassando como chefe, marido e pai. Em busca de um novo caminho para sua vida, ele decide participar por uma semana de um retiro num mosteiro beneditino.

Lá encontra Leonard Hoffman, um dos mais influentes e bem-sucedidos empresários americanos, que resolveu largar tudo para ir em busca da verdadeira essência da vida. Nesse livro extremamente envolvente, você vai aprender, junto com John Daily, princípios de liderança fundamentais para construir uma carreira de sucesso e uma vida em plena harmonia com as pessoas à sua volta.

Tim Sanders
O AMOR É A MELHOR ESTRATÉGIA

Ter um trabalho gratificante, ganhar o respeito e a amizade dos colegas, ser capaz de aprender sempre mais, fazer mais negócios, influenciar positivamente as pessoas – estes são os temas de *O amor é a melhor estratégia.* Tim Sanders apresenta os três pilares do sucesso e da realização profissional: conhecimento (que você acumula com sua experiência e, principalmente, através da leitura), rede de relacionamentos (os amigos e contatos que já possui, mas que tem de cultivar) e compaixão (o calor humano que é capaz de transmitir aos outros).

Margot Morrell e Stephanie Capparell
SHACKLETON – UMA LIÇÃO DE CORAGEM

Shackleton já foi chamado de "o maior líder que jamais surgiu nesta terra de Deus". Esse livro revela com riqueza de detalhes a grandeza do homem que conseguiu transformar sua malsucedida expedição à Antártida numa história de resistência heróica. *Shackleton – Uma lição de coragem* é um relato inspirador sobre como ajudar cada pessoa a alcançar o melhor de si mesma e realizar o que alguns encaram como tarefa impossível.

Cheryl Richardson
VOCÊ PODE MUDAR SUA VIDA

Quantas vezes você já desejou ter uma vida melhor – que reflita mais a pessoa que você é, seu valores e anseios? Quantas vezes, no final de uma semana cheia, você já se deixou levar pela fantasia de largar tudo?

Sabendo que qualquer mudança profunda não ocorre de um dia para outro, Cheryl Richardson organizou uma poderosa agenda para ajudar você a transformar a sua vida de forma gradual e permanente, tratando de um tema fundamental para a sua felicidade a cada semana.

Ernie J. Zelinski
LEVANDO A VIDA NUMA BOA

A felicidade requer trabalho, mas não um trabalho intenso, como acredita a maioria das pessoas. A felicidade requer que se preste atenção à vida. Por isso, todos deveríamos ter um pequeno livro como esse para ser consultado de tempos em tempos.

Allan e Barbara Pease

POR QUE OS HOMENS FAZEM SEXO E AS MULHERES FAZEM AMOR?

"Esse livro é leitura obrigatória para todos os homens e mulheres que se amam, se odeiam ou simplesmente convivem. Você vai aprender sobre si mesmo, sobre o sexo oposto e como melhorar seus relacionamentos."

Dr. Denis Waitley, autor de *Impérios da mente*

Você vai conhecer os importantes avanços da ciência da evolução humana e como suas descobertas se aplicam ao relacionamento entre homens e mulheres. Serão apresentadas algumas conclusões perturbadoras e controvérsias vão surgir, mas vamos nos reconhecer, entender melhor muitas coisas e, certamente, aprender a conviver bem.

POR QUE OS HOMENS MENTEM E AS MULHERES CHORAM?

Com base em pesquisas e estudos científicos, os autores de *Por que os homens fazem sexo e as mulheres fazem amor?* – que vendeu mais de seis milhões de exemplares ao redor do mundo – explicam o comportamento sempre imprevisível do "outro sexo". De forma clara e bem-humorada, eles respondem às nossas principais dúvidas e apresentam soluções práticas para tornar a convivência entre homens e mulheres mais prazerosa.

CONHEÇA OS 25 CLÁSSICOS DA SEXTANTE

- *Muitas vidas, muitos mestres*, *Só o amor é real* e *Meditando com Brian Weiss*, de Brian Weiss
- *Conversando com os espíritos* e *Em busca da espiritualidade*, de James Van Praagh
- *A última grande lição*, de Mitch Albom
- *Enquanto o amor não vem*, de Iyanla Vanzant
- *A oração* de *São Francisco*, de Leonardo Boff
- *O ócio criativo*, de Domenico De Masi
- *Mantenha o seu cérebro vivo*, de Lawrence C. Katz e Manning Rubin
- *Por que os homens fazem sexo e as mulheres fazem amor?*, de Allan e Barbara Pease
- *Uma ética para o novo milênio* e *Palavras de sabedoria*, do Dalai-Lama
- *Histórias para aquecer o coração*, de Mark Victor Hansen e Jack Canfield
- *100 segredos das pessoas felizes* e *100 segredos das pessoas de sucesso*, de David Niven
- *Aprendendo a gostar de si mesmo*, de Louise Hay
- *Um dia "daqueles"*, *Querida mamãe* e *O sentido da vida*, de Bradley Trevor Greive
- *Você é insubstituível* e *Dez leis para ser feliz*, de Augusto Cury
- *A vida é bela*, de Dominique Glocheux
- *Faça o que tem de ser feito*, de Bob Nelson
- *Não leve a vida tão a sério*, de Hugh Prather

INFORMAÇÕES SOBRE OS PRÓXIMOS LANÇAMENTOS

Para receber informações sobre os próximos lançamentos da EDITORA SEXTANTE, queira entrar em contato com nossa Central de Atendimento, dando seu nome, endereço e telefone para:

EDITORA SEXTANTE
Rua Voluntários da Pátria 45 – Gr. 1.404 – Botafogo
22270-000 – Rio de Janeiro – RJ
Tel.: (21) 2286-9944 – Fax: (21) 2286-9244
DDG: 0800-22-6306 (ligação gratuita)
E-mail: atendimento@esextante.com.br

Para saber mais sobre nossos títulos e autores, e enviar seus comentários sobre este livro, visite o nosso site:

www.sextante.com.br

Impresso em papel Chamois Bulk Alta Performance Dunas 90g/m² da Ripasa S/A, fabricado em harmonia com o meio ambiente.